Rainer Fincke
Ulla Peffermann-Fincke

Die Kunst,
sich (nicht)
verletzen
zu lassen

Rainer Fincke
Ulla Peffermann-Fincke

Die Kunst,
sich (nicht)
verletzen
zu lassen

Vier-Türme-Verlag

Bibliografische Information der Deutschen Nationalbibliothek

Die Deutsche Nationalbibliothek verzeichnet diese Publikation in der Deutschen Nationalbibliografie. Detaillierte bibliografische Daten sind im Internet über http://dnb.d-nb.de abrufbar.

1. Auflage 2018
© Vier-Türme GmbH, Verlag, Münsterschwarzach 2018
Alle Rechte vorbehalten

Lektorat: Marlene Fritsch
Illustrationen: Mascha Greune
Gestaltung: Dr. Matthias E. Gahr
Druck und Bindung: CPI Books GmbH, Leck
ISBN 978-3-7365-0154-6

www.vier-tuerme-verlag.de

INHALT

Vorwort

Ohne seelische Verletzung durch das Leben zu gehen – wer möchte das nicht? Viele Ratgeber versprechen, dass dies möglich sei. Aber ist es das wirklich? Unserer Meinung nach nur begrenzt. In diesem Buch möchten wir daher mit einem ehrlichen Blick auf das Thema Verletzungen schauen.

Wie kommt es, dass ich so verletzlich bin? Welche Ursache haben meine Verletzungen? In welchen Fällen kann ich mich schützen? Themen, die offensichtlich viele Menschen beschäftigen. Mit Verletzungen sind wir alle, mal mehr, mal weniger, konfrontiert, und wir wünschen uns, möglichst unversehrt davonzukommen. Deshalb ist es gut, sich schützen zu können und die Kunst zu beherrschen, sich möglichst nicht verletzen zu lassen. Gleichzeitig ahnen wir, dass manche Verletzungen unumgänglich sind. Dann ist die Frage: Wie gehe ich damit um?

Es gibt tatsächlich auch eine Kunst, sich verletzen zu lassen. Dazu müssen wir uns auf eine tiefere, spirituelle Ebene einlassen. Dieser Weg kann uns Räume eröffnen, Verletzungen anzunehmen, zu ertragen und durch sie verwandelt zu werden. Wir laden Sie ein, diesen Weg der Transformation für sich zu entdecken.

Darüber hinaus möchten wir Sie anregen, Ihre eigenen Kraftquellen zu erkunden. Wir sind davon überzeugt, dass in jedem von uns Fähigkeiten, Begabungen und Kräfte schlummern, die im Umgang mit Verletzungen hilfreich sind.

Menschen, die mit den Höhen und Tiefen des Lebens gut umgehen können, bezeichnet man als Lebenskünstler. Dieses Buch möchte Ihnen Anregungen an die Hand geben, Verletzungen handhabbar zu machen, daran zu reifen und in diesem Sinn ein Lebenskünstler zu werden!

Ulla Peffermann-Fincke, Rainer Fincke

Einführung
Kraft und Gnade

Wenn man sich mit dem Thema »Verletzungen« beschäftigt, gibt es viele Möglichkeiten, sich Informationen zu beschaffen und sich auf den neusten Stand zu bringen, was die Forschungen dazu angeht. Wir wissen heute immer mehr über die Psyche des Menschen, um die Zusammenhänge und Wechselwirkung von Körper, Geist und Seele, aber dieses Wissen allein ist noch keine Garantie dafür, dass die Verletzungen, die wir spüren, auch heilen. Denn zu wissen, ich sollte joggen, reicht nicht aus – ich muss schon loslaufen! Allein das Wissen, ich sollte ein Konfliktgespräch führen, reicht nicht aus – ich muss anfangen zu reden, die Kommunikation aufnehmen.

Information ist wichtig und ein erster Schritt; nur, was mir bewusst ist, kann ich verändern. Neben der Information braucht es aber die Kraft zur Transformation, zur Verwandlung. Das gilt auch für Verletzungen, denn dann können vielleicht irgendwann aus Tränen Perlen werden.

Kraftquellen

Wie finde ich die Kraft, die Energie und den Mut, etwas zu tun oder auch zu lassen, jedenfalls etwas zu verändern? Letztlich, indem ich die Kraftquellen in mir entdecke und aus ihnen schöpfe.

Kraftquellen sind etwas sehr Individuelles. Jeder Mensch ist einzigartig und deshalb sind auch Fähigkeiten und Begabungen unterschiedlich ausgeprägt. Kraftquellen sind zum Bespiel in der Natur zu finden, in der Musik, in der Kunst, im Glauben, in Beziehungen, also in ganz unterschiedlichen Bereichen. Aber wie diese entdeckt und konkret gelebt werden, das sieht bei jedem Menschen anders aus. Sich selbst auf die Spur zu kommen, zu entdecken, was mich persönlich stark macht, das ist wie eine Schatzsuche. Tröstlich ist, dass es für jeden einen »Schatz im Acker« gibt.

Gnade – geschenkte Möglichkeiten

Gnade ist ein schwieriger Begriff, weil so viele ambivalente Aspekte in diesem Wort mitschwingen: Güte, Barmherzigkeit, Liebe, Geborgenheit und Gelassenheit, aber auch Abhängigkeit, Demut und Unterwürfigkeit. Gnade ist etwas, das empfangen wird, sie ist – positiv verstanden – ein Geschenk, wir können sie nicht »machen«. Deshalb ist für Menschen einer Gesellschaft, die gewohnt ist, die Dinge im Griff zu haben und zu kontrollieren, eine rezeptive, empfangende Haltung zunächst befremdlich. Gleichzeitig spüren wir die Sehnsucht, nicht alles selbst schaffen zu müssen, Verbindung zu einer größeren Kraft zu haben, der wir uns anvertrauen können, die uns trägt, der wir uns im Positiven unterordnen können; dass in uns das Bewusstsein wächst: Es kann mir nichts passieren, egal, was geschieht, ich werde getragen und gehalten.

Bezogen auf Verletzungen bedeutet das, dass mich beispielsweise eine Trennung nicht »umhaut«, eine schwere Diagnose mich nicht innerlich zerstört; dass ich gelassen und vertrauensvoll mein Schicksal annehmen kann.

Ich kann und darf mich entspannen, Verantwortung abgeben und mich überlassen. Dazu muss ich mich immer wieder für diese größere Kraft öffnen, die wir Gott nennen können. Dies ist kein einmaliges Empfangen, sondern eine Haltung, die ich einüben kann. Übungswege sind sehr individuell, ich kann mich Gott auf unterschiedliche Weise nähern. Der je eigene Weg ist wiederum von meiner Persönlichkeit, von meinen Vorlieben und Stärken, aber auch von meinen Schwächen und Abneigungen abhängig. Letztlich muss ich meinen ganz persönlichen Weg zu dieser Kraft finden – und vielleicht auch für mich herausfinden, wie ich sie nennen möchte und welche Rolle sie in meinem Leben spielt, welchen Stellenwert sie darin hat. Denn es gibt so viele Wege zu Gott, wie es Menschen gibt.

Transformation

Transformation bedeutet beides: Ich erkenne und tue mein Bestes – und ich lasse geschehen, ich lasse mich verwandeln. Wenn ich einerseits die Kraft in mir spüre, Selbstvertrauen entwickle und mutig meinen Weg gehe und mich andererseits als Teil eines Ganzen fühle, mich Gott anvertrauen kann, dann bin ich nicht Opfer, sondern gestalte mein Leben. Darum geht es: dass mich meine Verletzungen nicht lähmen, sondern ich eine Perspektive habe und gut mit mir umgehen kann.

Es gibt Verletzungen, vor denen ich mich schützen kann; deshalb ist es gut und ratsam, Schutzmechanismen zu entwickeln.

Andere Verletzungen sind unvermeidbar und treffen uns oft aus heiterem Himmel. Dann braucht es – wie auf der körperlichen Ebene – eine gute Behandlung, einen Weg der Heilung.

Es ist wie mit den Rosen: Die meisten Menschen mögen sie und nehmen die Dornen in Kauf, weil sie zur Rose dazugehören – es gibt sie nicht ohne. Wir lassen die Dornen nicht außer Acht, damit wir nicht verletzt werden, aber unsere Aufmerksamkeit wird angezogen von der Schönheit der Blüte.

Genauso können wir unser Leben sehen: Schwierigkeiten und Verletzung sollten und können wir nicht ignorieren, sie tun weh. Aber gleichzeitig hat das Leben so viele schöne Seiten zu bieten, auf die wir unseren Blick richten können. Es gibt so vieles, für das wir dankbar sein können, und so vieles, was es noch an Schönem zu entdecken gilt. Dafür offen zu bleiben, auch wenn wir wissen, dass wir wieder verletzt werden können, bedeutet, das Leben in seiner ganzen Fülle zu genießen oder anzunehmen.

Kränkungen und Verletzungen als Phänomen der vernetzten Kommunikationsgesellschaft

Wo Menschen miteinander in Kontakt sind, gibt es nicht nur ein freundliches Miteinander, sondern auch Konflikte. Das liegt neben dem ökonomischen, sozialen und persönlichen Druck, der auf uns ausgeübt wird, auch an den verschiedenen Persönlichkeiten in unserem Umfeld. Mit dem einen oder anderen »Typ« kommen wir besser zurecht. Mit anderen verbindet uns eine »herzliche Abneigung« Andere sind uns egal.

Mobbing, Kränkungen, Machtkämpfe, die offen oder unter der Decke geführt werden, gab es schon in früheren Zeiten. In der ständischen Gesellschaft war Willkür der herrschenden Klasse gegenüber Untergebenen und Bediensteten gang und gäbe. Welche Kränkungen und Verletzungen dadurch entstanden sind, kann man nur erahnen. In diesen Zeiten nahm man sie jedenfalls einfach stoisch hin. Psychologische Hilfe gab es noch nicht.

Heute sind wir sensibel geworden, nicht nur für unsere körperliche, sondern auch für unsere psychische Gesundheit. In den letzten vierzig Jahren wurden in Deutschland flächendeckend Ehe-, Familien- und Lebensberatungsstellen eingerichtet. Viele neue Therapieformen werden inzwischen sogar von den Krankenkassen akzeptiert. Dennoch reichen diese Hilfestellungen offenkundig nicht aus. Bei unseren Kursen und in der seelsorgerlichen Praxis erleben wir immer wieder, dass viele Menschen eine große psychische Belastung empfinden, die sich zum Beispiel in Depressionen und Burnout-Erfahrungen widerspiegeln. Diese Belastung durch Kränkungen, Verletzungen, Mobbing finden wir heutzutage vor allem in folgenden Bereichen:

» Schule/Studium
» Arbeit
» Ehe und Familie

Schule/Studium

Nach neusten Zahlen rechnet man mit 500.000 Kinder- und Jugendlichen, die Opfer von Mobbing geworden sind an Deutschlands Schulen (DPA-Meldung am 19.4.2017). Bei insgesamt 10 Millionen Schülern sind das 5 Prozent. Dabei geht es gehörig zur Sache, meint Mechthild Schäfer, Mobbing-Expertin und Entwicklungspsychologin an der Münchner Ludwig-Maximilian-Universität. Dies gilt besonders für das Cybermobbing in den sozialen Netzwerken. Das Schlimme ist, dass diese Art des Mobbings eben nicht mehr auf die reine Zeit in der Schule begrenzt ist, wie dies früher der Fall war, sondern auch danach weitergeht. Den ganzen Tag. Die ganze Nacht. Und eben auch, wenn man selbst gar nicht online ist.

»Wir müssen ein Bewusstsein dafür schaffen«, so Mechthild Schäfer, »dass die ›lieben Kleinen‹ sich oft unsanktioniert eines Instrumentariums bedienen, für das man – wenn man strafmündig ist und angezeigt würde – durchaus ins Gefängnis wandern kann.«

Wer Opfer von Cybermobbing ist, also gefälschte oder diskriminierende Aussagen und Bilder von sich im Internet findet, kann solche Angstzustände bekommen, dass er nicht mehr in die Schule geht.

Dem Mobbing sind dabei nicht nur Jugendliche ausgesetzt, sondern erschreckend oft auch Lehrer. Jeder Sechste klagt über Attacken in der Schule, zeigen neue Studien. Manche Pädagogen fürchten ihre Schüler sowie deren Eltern – und die eigenen Kollegen. In meiner Gemeinde habe ich bei einem Schulbesuch in einer Grundschule zum Beispiel folgende Situation erlebt: Eine Lehrerin kommt weinend ins Klassenzimmer und berichtet, dass ein Schüler vor ihren Augen die Schultasche eines Schülers genommen hat und den Inhalt aus dem Fenster kippte. Wie gesagt, vor den Augen der Lehrerin, die natürlich verbal den Schüler ermahnte, der sich aber nicht darum kümmerte, was die Lehrerin sagte. Ein Kollege bot sich an, mal in die Klasse zu gehen, um für Ruhe und Ordnung zu sorgen. Aber das geht natürlich nicht, denn dann würde ihr sämtliche Autorität verloren gehen. Die Lehrerin war nicht mehr fähig, weiterzuarbeiten und ließ sich für eine Woche krankschreiben.

Wir wollen nicht pauschalisieren. Es gibt viele Lehrerinnen und Lehrer, die mit großem Engagement, mit Kompetenz und Freude ihre Arbeit tun. Aber man darf die Augen nicht vor der Tatsache verschließen, dass gerade für sensible Menschen das Arbeitsfeld »Schule« nicht einfach ist.

Arbeit

Natürlich gibt es sie noch, die gute Kollegenschaft, aus der sich auch private Kontakte entwickeln. Aber vielfach werden auch gerade in großen Firmen viele Menschen gemobbt, sie fühlen sich gekränkt, verletzt. Nach einer Umfrage aus dem Jahr 2016 sagten 72 Prozent der 30- bis 40-Jährigen, dass sie das Gefühl hätten, dass ihr Arbeitsfeld stressiger geworden sei. 63 Prozent aller Arbeitnehmer gaben an, schon einmal gemobbt worden zu sein, zum Beispiel durch Vorenthaltung von Informationen.

Woran erkennt man Mobbing in der Arbeitswelt? Man kann vor allem sechs Faktoren unterscheiden:

1. Vorenthalten von Informationen
2. Schlechtmachen vor anderen
3. Verbreiten von Lügen
4. »Ins Messer laufen lassen«
5. Nichtbeachtung
6. Fehlinformation

Alle sechs Faktoren kommen immer wieder vor und greifen unsere Seele an. Ein Beispiel aus unserer Praxis: Eine 50-jährige Ingenieurin hatte eine leitende Stellung in einem ostdeutschen Stahlwerk inne. Sie machte ihre Sache gut, wurde belobigt vom alten Chef, der aber dann in den Ruhestand ging. Der neue Chef hatte von Anfang an eine Antipathie gegen die Frau, hielt offenbar allgemein nicht viel von Ingenieurinnen. Schritt für Schritt wurde sie aus den E-Mail-Verteilerlisten gelöscht. Es wurden Lügen über sie in Umlauf gebracht. Sie wurde bewusst fehlinformiert. Sie spürte immer deutlicher: Der neue Chef will sie loswerden, obwohl sie ihre Arbeit gut bewältigt. Doch gegen die Macht der Vorgesetzten hat man wenig Möglichkeiten. Die Ingenieurin versuchte, ein positives Verhältnis zu ihrem Vorgesetzten aufzubauen. Aber sie fanden einfach keinen Draht zueinander. Stattdessen bekam ihr Selbstbewusstsein ständig massive Dämpfer. Schließlich verließ sie die Firma schweren Herzens und zog in eine andere Stadt, 500 Kilometer von ihrem bisherigen Zuhause entfernt. Die Folge: Sie kannte niemanden vor Ort, fühlte sich oft einsam und haderte mit dem Schicksal.

Die vielen neuen Kommunikationsmöglichkeiten, die sozialen Medien, die Überwindung von Grenzen durch das Internet haben einerseits segensreiche Wirkung und demokratisieren Informationen. Zum anderen bieten sie neue Plattformen für Auseinandersetzungen, die es so bisher nicht gab. Im E-Mailverkehr kann man zum Beispiel ungeschützt seine Meinung über andere äußern. Man wägt nicht mehr jedes Wort ab, sondern »haut einfach mal einen Satz raus«. Aber was geschrieben ist, ist erst einmal in der Welt. Es kann nicht ungeschehen gemacht werden.

Ehe und Familie

Ein weiteres Feld bei der Zunahme von Verletzlichkeiten ist die Familie. Schon Anfang der 80er-Jahre hatten die evangelischen Familienbildungsstätten einen Slogan entwickelt, der auch heute noch Gültigkeit hat: »Familie leben lernen«. Dahinter stand die Erfahrung, dass die Familie ein immer komplexeres System bildet. Gerade in Großstädten haben sich ganz neue Familienkonstellationen gebildet. Jede zweite Ehe wird geschieden, die Ehepartner gehen neue Beziehungen ein, Kinder werden von verschiedenen Müttern und Vätern erzogen. Ein großes potenzielles Konfliktfeld. Das Thema »Patchworkfamilien« wird uns in den nächsten Jahren noch sehr beschäftigen. Hinzu kommen Familienkonstellationen, bei denen gleichgeschlechtliche Partner Kinder adoptieren. Über diese Form des Zusammenlebens gibt es kaum Erfahrungswerte.

Was wir deutlich machen möchten, ist: Die Verletzlichkeiten haben in den letzten fünfzig Jahren nicht ab-, sondern zugenommen. Viele Menschen, die sich gemobbt fühlen, empfinden nach neuen Untersuchungen ein allgemeines Misstrauen, sie leiden unter Nervosität, sozialem Rückzug und Ohnmachtsgefühlen.

Wir sind allerdings diesen Verletzungen nicht hilflos ausgeliefert. Wenn wir Ursache und Wirkung von Verletzungen besser verstehen und erkennen, welche Bedeutung unser Persönlichkeitsmuster dabei hat, können wir konstruktiver mit solchen Situationen umgehen. Darum geht es im folgenden Kapitel.

Wer bin ich?
Meine persönliche Verletzlichkeit

Wenn ich Verletzungen verstehen möchte, ist es ratsam, mir selbst auf die Spur zu kommen: Wer bin ich? Wie bin ich? Wo stehe ich? Erst, wenn ich diese Fragen beantwortet habe, ergeben sich die nächsten Schritte. »Ein Schiff, das seinen Hafen nicht kennt, findet sein Ziel nicht.« Das gilt auch für den konstruktiven Umgang mit Verletzungen.

Selbstwahrnehmung als Voraussetzung für einen aktiven Umgang mit Verletzungen

Wenn ich für mich die Frage »Wer bin ich?« beantworten möchte, kann es hilfreich sein, auf vorhandene Konzepte zurückzugreifen, die anhand von Ähnlichkeiten und Unterschieden versuchen, Persönlichkeiten zu beschreiben. Aus dem Bedürfnis heraus, Menschen besser zu verstehen, entstanden solche Persönlichkeitstypologien.

Die einfachste und populärste Einteilung von Menschen ist in introvertierte oder extrovertierte Persönlichkeiten. Weitere Modelle beschreiben vier oder fünf Persönlichkeitstypen.

Je differenzierter die Einteilungen werden, umso mehr stoßen sie auf Widerstand und Kritik, da es an immer kleinere Schubladen erinnert, in die Menschen hineingesteckt werden – und aus denen sie nicht mehr herauskommen!

Jeder Mensch ist einzigartig. Das ist unumstritten. Diese Tatsache schließt aber nicht aus, dass es Beobachtungen von gleichen und unterschiedlichen Charaktermerkmalen gibt und somit Zuordnungen berechtigt sind. Aber trotzdem ist jeder Introvertierte einzigartig und jeder extrovertierte Mensch ebenso.

Gerade wenn es um Verletzungen geht, ist es hilfreich zu sehen, dass unterschiedliche Menschen an unterschiedlichen Stellen verletzbar sind – es gibt sehr verschiedene »wunde Punkte«. Situationen und Ereignisse, die manche sehr tief und lange verletzt haben, sind für andere kein Problem, sie sind schnell darüber hinweg oder haben sie nicht einmal als verletzend erlebt.

Wenn ich mich nun im Spiegel einer Typologie besser verstehen kann und meine verletzliche Seite genauer kennenlerne, kann ich mich zum einen früher und besser schützen. Zum anderen kann ich genauer hinschauen, woher diese Verletzlichkeit rührt, und mich dieser Seite meiner Persönlichkeit besonders widmen.

Jeder kennt die Erfahrung, sich mit manchen Menschen sofort verbunden zu fühlen, die »gleiche Sprache« zu sprechen, die gleiche »Wellenlänge« zu haben oder sich einfach gut zu verstehen. Andere Menschen wiederum verunsichern, sind einem fremd oder geben sogar Anlass zum Ärger. Unabhängig davon, ob Menschen einem vertraut oder fremd erscheinen – Verletzungen und Enttäuschungen können in beiden Fällen vorkommen.

Ich bin die verletzte Person und es ist gut, *mich* wahrzunehmen und zu verstehen; es ist aber auch äußerst hilfreich, in der Situation *den anderen*, der als »Täter« empfunden wird, zu verstehen, seine Persönlichkeit und Beweggründe. Dazu dienen Persönlichkeitsmodelle.

Persönlichkeitstypologie:
Das Enneagramm

Gerade im Hinblick auf das Thema »Verletzungen« haben wir gute Erfahrungen mit dem Enneagramm als Instrument der Selbsterkenntnis gemacht. Deshalb soll an dieser Stelle kurz darauf eingegangen werden.

Das Enneagramm beschreibt neun Persönlichkeitsmuster. Die Ursprünge dieser Persönlichkeitstypologie sind nicht eindeutig geklärt. Es ist ein sehr altes Modell, das im Christentum zur Anwendung kam, aber auch in anderen Traditionen zu finden ist. Die neun Muster lassen sich in Dreiergruppen einteilen, wodurch der Zugang vereinfacht wird. Hier unterscheidet man die sogenannten Herz-, Kopf- und Bauchtypen. Für unser Thema ist interessant, dass in jeder Triade ein Grundbedürfnis im Vordergrund steht. Jeder Typus einer Triade versucht, auf unterschiedliche Art und Weise diesem Bedürfnis gerecht zu werden. In Folgenden können wir die Verhältnisse nur grob skizzieren. Wir verweisen auf die Enneagramm-Literatur im Anhang.

Herz-Zentrum

Bei den Herz-Typen oder im Herz-Zentrum (die Persönlichkeitsmuster 2, 3 und 4) geht es um das Bedürfnis nach Beziehung, Anerkennung, Resonanz. Es dreht sich um die Fragen: Mag der andere mich? Werde ich gesehen, anerkannt, verstanden?

Menschen, die dieser Gruppe zuzurechnen sind, suchen die Verbindung zu anderen Menschen. Was der andere braucht, denkt und fühlt, dafür haben sie eine Antenne. Diese Sensibilität ist eine Stärke und Gefahr zugleich. Die Stärke liegt in der Empathie, durch die sich der/die andere verstanden fühlt, gestärkt und unterstützt. Ein Zuviel an Nähe und Unterstützung kann aber einengen und als übergriffig empfunden werden. Ein Zuviel jeder positiven Eigenschaft wirkt sich negativ aus. Hierzu ein Beispiel: Bin ich krank, so bin ich froh, wenn sich jemand um mich kümmert, nach mir fragt und Hilfe anbietet. Ist da aber ein Zuviel an Hilfe und Eifer, mir Gutes zu tun, komme ich mir kränker, schwächer und hilfloser vor, als ich eigentlich bin.

Herztypen liegt so viel an der Verbindung zu anderen, weil sie hoffen, für ihren Einsatz belohnt, gelobt oder sogar bewundert zu werden. Dies ist im tiefsten Innern die Motivation für ihr großes Engagement. Jeder braucht Anerkennung und Wertschätzung und das Gefühl, gesehen zu werden, aber die Herztypen sind extrem stark darauf angewiesen. Der Selbstwert ist abhängig von der Resonanz der anderen. Die Frage: »Wie bin ich in deinen Augen?« ist existenziell wichtig.

Kopf-Zentrum

Bei den Kopf-Typen oder im Kopfzentrum (die Persönlichkeitsmuster 5, 6 und 7) geht es um das Bedürfnis nach Sicherheit, Orientierung und (Ur-)Vertrauen. Hier stehen die Fragen im Vordergrund: Bin ich sicher? Verstehe ich alles, habe ich den Durchblick?

Bei Menschen, die dieser Gruppe zuzurechnen sind, geht es darum, sich geschützt und sicher zu fühlen. Sie erleben die Welt, das Leben eher als gefährliche und riskante Angelegenheit. So haben sie unterschiedliche Strategien entwickelt, um sich sicher zu fühlen. Die einen brauchen Sicherheit im Innern; sich auskennen, den Durchblick haben, Dinge verstehen, all das vermittelt Halt. Die anderen suchen Halt im Außen, in Rahmenbedingungen, Vorschriften, Regeln und klaren Ansagen und Absprachen. Wieder andere sichern sich ab, indem sie immer einen vollen Terminkalender haben, ein Programm, und für alle Fälle einen »Plan B« in der Tasche.

Geht bei den Herzmenschen die Energie und die Aufmerksamkeit hin zu anderen Menschen, so konzentrieren sich die Kopfmenschen auf das Denken, Erkennen und Im-Gedächtnis-Behalten. Das ist ihre Stärke.

Sicherheit und Halt brauchen alle Menschen, aber die Kopftypen tun viel dafür, da sie eher ängstlich und misstrauisch sind und sich schwertun, Vertrauen aufzubauen. Deshalb haben Treue und Zuverlässigkeit einen hohen Wert für sie. Aber auch hier gibt es diese Ambivalenz beziehungsweise das »Zuviel des Guten«, das sich negativ auswirkt. Ein Beispiel: Es tut gut, zuverlässige und treue Freunde zu haben, aber es gibt eine zwanghafte Zuverlässigkeit, die einengt und keinen Spielraum lässt.

Bauch-Zentrum

Bei den Bauch-Typen oder im Bauchzentrum (die Persönlichkeitsmuster 8, 9 und 1) geht es um das Bedürfnis nach Selbstbestimmung, Freiraum und Autonomie. Im Zentrum stehen die Fragen: Werde ich in meiner Art geachtet und respektiert? Darf ich so sein, wie ich bin?

Menschen, die dieser Gruppe zuzurechnen sind, brauchen Freiraum, möchten autonom sein und selbst bestimmen. Sie besitzen eine starke Durchsetzungskraft, die von den einen dieser Gruppe kämpferisch ausgelebt wird, von anderen eher im Verborgenen wirkt, durch Beharrlichkeit oder Verweigerung als eine Form der Durchsetzung. Wenn hier die Hauptenergie im Bauch liegt, so ist damit Spontanität und Intuition gemeint. Freiraum und Selbstbestimmung ist für alle Menschen erstrebenswert, aber für Bauchmenschen besonders, da für sie diese Qualitäten nicht selbstverständlich sind, sondern sie dafür eintreten müssen.

Die Stärke der Bauchtypen kann positiv wie negativ ausgelebt werden. Im Positiven wird viel bewegt, umgesetzt und erreicht. Negativ betrachtet kann in Form von aktiver oder passiver Aggression viel kaputt gehen, da es oft an Sensibilität fehlt, Zwischentöne nicht gehört werden und andere übergangen werden.

Auch hier wird deutlich: Zuviel der eigentlich positiven Kraft oder der unkontrollierte Einsatz der Energie kann negative Auswirkungen haben. Der berühmte »Elefant im Porzellanladen« ist hier zu Hause.

Kam in der Kindheit eines der genannten Grundbedürfnisse zu kurz, wird der Mangel als schmerzhaft erlebt. Damit sich der Schmerz nicht wiederholt, sorgt das Kind dafür zu bekommen, was es braucht. So ergibt sich eine »Strategie«, ein Verhaltensmuster, das gewährleistet, nicht mehr zu leiden.

Herz-Menschen sorgen daher dafür, dass sie Zuwendung bekommen, Kopf-Menschen bemühen sich um Sicherheit und Orientierung und Bauch-Menschen haben Wege gefunden, zu bestimmen und sich durchzusetzen.

Wichtig ist festzustellen, dass das kindliche Erleben sehr subjektiv ist. Die Eltern sind sich meistens nicht darüber bewusst, dem Kind irgendetwas vorenthalten zu haben. Sie wollten »das Beste«, aber es kam beim Kind nicht so an. Die Verletzungen als Kind, verursacht durch ein erlebtes Defizit, werden den Eltern oft bis ins hohe

Alter vorgeworfen. Die Eltern wiederum sind gekränkt, weil sie sich keiner Schuld bewusst sind und die Kinder nach bestem Wissen und Gewissen erzogen haben. So beklagen Erwachsene häufig, dass sie als Kind zu wenig geliebt wurden, dass Leistung einen hohen Stellenwert hatte und belohnt wurde. Als Kind haben sie daher den Eindruck bekommen, nur aufgrund von Leistung wertvoll zu sein. Die Eltern würden dies bestreiten und/oder darauf hinweisen, dass die Förderung und der Ehrgeiz dem Wohl des Kindes dienen sollte, höherer Ziele im Leben zu erreichen, als es ihnen vergönnt gewesen ist.

Als Kind wurden die Dinge unbewusst erlebt, als Erwachsener kann ich die Zusammenhänge erkennen. So wird bei der Betrachtung des Enneagramm-Modells als Erwachsener deutlich, dass der »wunde Punkt« bei Herz-Menschen die mangelnde Zuwendung ist. Bei ihnen stellt sich schnell das Gefühl ein, nicht liebenswert zu sein bzw. etwas tun, sich anstrengen zu müssen, um geliebt zu werden. Ein freundlicher Blick meinerseits, der nicht erwidert wird, kann schon verletzend sein. Bei Kopf-Menschen ist der »wunde Punkt« mangelnde Verlässlichkeit. Ein Gefühl von Angst und Unsicherheit führt dazu, dass sie anderen Menschen nur bedingt trauen, sich nur auf sich selbst verlassen oder Rahmenbedingungen schaffen, in denen sie sich sicher fühlen. So kann beispielsweise eine Absprache, die nicht eingehalten wird, als sehr verletzend empfunden werden. Bauch-Menschen leiden am meisten, wenn sie das Gefühl haben, begrenzt, übergangen oder ausgenutzt zu werden. Der »wunde Punkt« ist der mangelnde Freiraum. Bei einer Entscheidung nicht mit einbezogen, nicht gefragt zu werden, übergangen worden zu sein, tut weh.

Wenn ich als Erwachsener also um meine wunden Stellen weiß, ist mir bewusst, dass ich dort überempfindlich reagiere und ein kleiner Auslöser ein tiefes Gefühl von Verletztsein nach sich ziehen kann.

Übung zur Selbsteinschätzung

Herz:

» Wie sehr brauche ich Lob, Anerkennung und Bewunderung?

» Wie empfinde ich Applaus für meine Person/Leistung? Genieße ich ihn oder ist es mir peinlich?

» Wie unwohl/verletzt fühle ich mich, wenn positive Resonanz ausbleibt?

Kopf:

» Wie sehr ist es mir ein Bedürfnis, Dinge zu überprüfen, zu kontrollieren, »auf Nummer sicher zu gehen« und zu wissen, was auf mich zukommt?

» Wie unwohl/verletzt fühle ich mich, wenn Menschen mich im Unklaren lassen, Dinge »locker« und flexibel handhaben, ohne mich zu informieren?

Bauch:

» Wie sehr brauche ich es, unabhängig und mein eigener Herr zu sein, über mich und mein Leben bestimmen zu können?

» Wie unwohl/verletzt fühle ich mich, wenn man mir Vorschriften macht, mich reglementiert und mir Grenzen setzt?

Persönlichkeitstypologie: Grundformen der Angst

Ein weiteres Modell, das in den 60er-Jahren populär wurde, aber heute nicht weniger interessant und stimmig ist, stellt das Modell des Psychoanalytikers Fritz Riemann dar. Er teilt die Persönlichkeitstypen nach vier »Grundformen der Angst« ein.

Jeweils zwei Grundängste stehen sich gegenüber: die Angst vor Nähe – die Angst vor Distanz; die Angst vor Veränderung – die Angst vor Endgültigkeit:

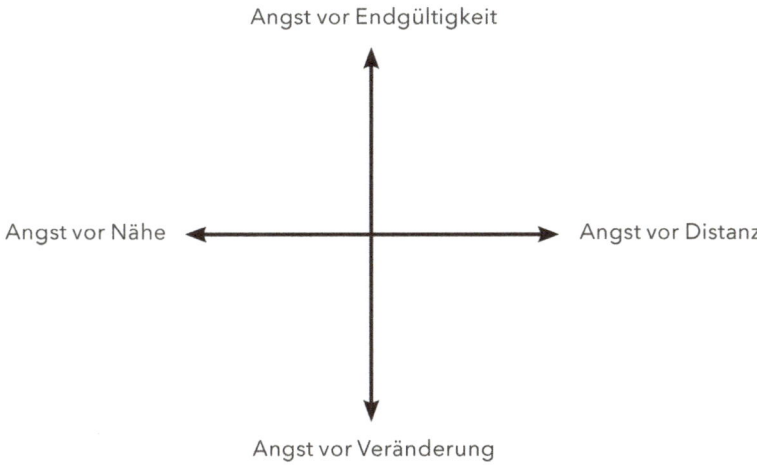

Hier wird ganz klar benannt, wo der »wunde Punkt« liegt, eben in einer Zustandsbeschreibung, die mir Angst macht. Es ist verletzend, wenn diese Angst nicht gesehen, sondern übergangen wird.

Befinden wir uns mit unserer Angst im Mittelfeld, also in der Nähe des Nullpunktes im Koordinatenfeld (das heißt, es gibt keine großen Ausreißer in eine Richtung), so sind wir ziemlich stabil und nicht so leicht verletzlich. Tendieren wir aber extrem in eine Richtung, ist klar, dass wir in dieser Richtung sehr leicht verletzbar sind.

Ist zum Beispiel meine Angst vor Veränderung sehr groß, so ist es verletzend, ständig etwas Neues, Anderes von mir zu fordern (Umzüge, wechselndes Arbeitsumfeld).

Ist die Angst vor dem Verlassenwerden sehr groß, so ist es verletzend, wenn der andere mich alleine lässt, sich nicht meldet, den Kontakt nur sehr locker hält.

Fragen, die man sich in diesem Zusammenhang stellen kann, um die eigene Persönlichkeit besser zu verstehen:

Wie viel Nähe brauche ich? Kann ich gut alleine sein oder suche ich Situationen, in denen Menschen um mich herum sind? Habe ich das Gefühl, Menschen sind meist anstrengend und rauben mir Energie oder ist es so, dass ich in Gesellschaft mit anderen »aufgeladen« werde? Bin ich mitteilsam? Habe ich gerne Körperkontakt? (Diese Fragen betreffen die x-Achse und die Gegensätze Nähe – Distanz)

Wird mir Vertrautes schnell langweilig? Brauche ich die Abwechslung oder freue ich mich, an bekannten Orten zu sein, gewohnte Abläufe zu vollziehen, zum Beispiel gleiche Urlaubsorte, ein fester Freundeskreis? Wenn etwas nach bestimmten, mir bekannt-vertrauten Ritualen abläuft, tut mir das gut oder langweilt es mich eher? Bin ich ein neugieriger Mensch und freue mich auf Überraschungen oder verunsichert mich Unvorhergesehenes? (Diese Fragen betreffen die y-Achse und die Gegensätze Veränderung – Stabilität)

Sinn und Zweck von Persönlichkeitsmodellen

Modelle sind Instrumente, die der Selbsterkenntnis dienen. Ob ein Modell und wenn ja, welches hilfreich ist, das muss jeder für sich selbst entscheiden. Zudem sollte man es vermeiden, jemand anderes »in Schubladen zu stecken«. Man kann nur für sich selbst erkennen, ob man sich in Modellen wiedergespiegelt findet.

Das Enneagramm und andere Persönlichkeitsmodelle sind wie Landkarten, die der Orientierung dienen, die grob skizzieren und einen ersten Überblick bieten. Die Landschaft selbst – also hier der Mensch – ist viel facettenreicher, differenzierter und eben ein Original!

Die Arbeit mit dem Enneagramm zeigt, dass jeder Mensch *alle* Enneagramm-Muster in sich trägt, aber schwerpunktmäßig bei einem Typus verankert ist. Und so, wie aus einem introvertierten Menschen kein Extrovertierter wird, ist man im Enneagramm an irgendeinem Punkt »zu Hause«. Ebenso gilt dies für das Modell von Fritz Riemann: Eine Grundangst bleibt vorherrschend in meinem Leben. Das bedeutet nicht, dass Veränderungen unmöglich sind, aber es bleibt eine gewisse Grundstruktur bestehen. Ich verändere mich nicht grundsätzlich und vollkommen. Es geht darum zu erkennen, dass es entsprechend meines Typus bestimmte Lebensthemen gibt, mit denen ich mich beschäftigen sollte, um mich kennenzulernen und weiterzuentwickeln. Diese Themen zu kennen – darin liegt der Wert von Persönlichkeitsmodellen. Vielleicht kann man sie wie einen Spiegel begreifen, in dem man die eigenen Merkmale entdecken kann und wichtige Zusammenhänge verstehen lernt.

Wer bin ich?
Spirituelle Sichtweise

Die psychologische Sichtweise auf die Frage »Wer bin ich?« haben wir somit bereits betrachtet. Jenseits von psychologischen Merkmalen gibt es jedoch noch eine andere, tiefere Ebene. Auf dieser sind wir *mehr* als unsere Persönlichkeit, *mehr* als unser Charakter. Spirituell gesehen hat der Mensch als Geschöpf Gottes einen inneren, göttlichen Kern, das »wahre Selbst«, wie es Richard Rohr und andere spirituelle Lehrer ausdrücken. Wenn es ein »wahres Selbst« gibt, dann muss konsequenterweise ein »falsches Selbst« existieren. Dieses »falsche Selbst« ist nicht wirklich falsch, sondern nur zu klein, zu einseitig ausgerichtet. Man nennt es auch »Ego«.

Dieses Ego mit all seinen Stärken und Schwächen agiert und reagiert in der äußeren Welt. Das Enneagramm beschreibt verschiedene Egostrukturen. Diese sind wichtig, da es sich um Strategien handelt, sich in der Welt zu behaupten und seinen eigenen Weg zu finden. Irgendwann, meist in der Lebensmitte, werden jedoch die Einseitigkeit einer Strategie und deren Grenzen schmerzlich bewusst.

Dann stellt sich oft noch einmal ganz neu die Frage: Wer bin ich (wirklich)? Das, war bisher war, ist doch nicht alles! Oft beginnt an diesem Punkt die Suche nach dem *Mehr*. Dieses *Mehr* können wir im Äußeren suchen, in einem Mehr an Besitz, einem Mehr an Anerkennung, Berühmtheit, einem Mehr an Erlebnissen. Meist merken wir aber dann, dass all das nicht wirklich befriedigt. Die wirkliche Sehnsucht zielt auf unser Innerstes, unser

»wahres Selbst«, auf einen inneren Bezugspunkt, letztendlich auf Gott.

Dieses Innerste bleibt von allen äußeren Umständen unberührt und ist deshalb auch nicht verletzlich! In diesem »inneren Raum« (Anselm Grün) sind und bleiben wir heil und frei. Richard Rohr formuliert es so: »My deapest Me is God« (Er folgt dabei einem Zitat der heiligen Katharina von Genua, die ausgerufen haben soll: »Mein tiefstes Ich ist Gott!«). Dieser göttliche Kern ist in jedem Menschen, egal, ob er sich einer Religion zugehörig fühlt oder nicht. Die Tatsache, dass ein Mensch geboren wird und sich zu einem einmaligen, unverwechselbaren Individuum entwickelt, ist ein großes Geheimnis.

Wir stehen oft staunend und mit einer gewissen Ehrfurcht am Bettchen eines Neugeborenen. Wir sind ergriffen von dem Wunder dieses neuen Lebens, weil wir ahnen, dass eine große Schaffenskraft, die manche Gott nennen, am Werk ist. Dieses Leben können wir nicht selbst machen, es ist geschenkt. Das bedeutet, dass wir nicht nur Kinder unserer Eltern sind. Khalil Gibran formuliert es in seinem Buch »Der Prophet« so: »Sie (die Kinder) kommen *durch* euch, aber nicht *von* euch.«

Wenn ich mein eigenes Leben betrachte: Auch in mir war Gott von Anbeginn am Werk. Nur weil ich älter geworden bin, wird das Wunder, dass ich bin, nicht kleiner! Meine Würde, mein Wert ist einfach dadurch begründet, *dass* ich bin, nicht, *wie* ich bin. Das »wahre Selbst« weiß das, das »Ego« meint, einem bestimmten Selbstbild entsprechen zu müssen, um wertvoll zu sein.

Ziel aller spirituellen Wege ist es, mit diesem inneren Kern in Kontakt zu kommen, mir diese Göttlichkeit bewusst zu machen und mein Leben aus diesem Innersten heraus auszurichten.

Gelingt mir dies, dann bin ich weniger identifiziert mit meinen Gedanken und Gefühlen. Ich *habe* Gedanken und Gefühle, aber ich *bin* sie nicht.

Es gibt eine Instanz in mir, die meine Gedanken und Gefühle beobachten kann, also größer ist. Dieses Größere weist auf das »wahre Selbst« hin. Kann ich meine Wut, meine Trauer und meine Angst aus einer Distanz, von einem Ort der Ruhe und Kraft heraus betrachten, verlieren diese negativen Gefühle ihre Macht über mich. Je mehr ich an diesem inneren Ort zu Hause bin, desto weniger können mir Verletzungen etwas anhaben, desto selbstbewusster kann ich damit umgehen.

Auf dieser tieferen Ebene, in meinem Innersten, bin ich mit allen anderen Geschöpfen verbunden, denn wir tragen alle diesen göttlichen Kern in uns. Die Mystiker sprechen von der Erfahrung des Einssein mit allem. Und in allem ist Gott. In diesem Zustand, in diesem Bewusstsein der göttlichen Kraft in mir, schwindet die Angst und macht dem Urvertrauen Platz, dass alles gut ist, dass alles seinen Sinn hat, auch wenn ich ihn nicht immer sehe. Ich erkenne, dass mein Leben einen unschätzbaren Wert hat.

Dieser Selbstwert ist von Anbeginn da, ich muss ihn mir nicht verdienen, sondern nur erkennen. Werde, der/die du (schon längst!) bist! Je mehr ich mir meines Wertes und meiner Würde bewusst bin, desto weniger bin ich angreifbar.

Bring dein Herz zurück

Wenn dein Herz wandert oder leidet,
bring es behutsam an seinen Platz zurück
und versetze es sanft in die Gegenwart Gottes.

Und selbst dann,
wenn du nichts getan hast in deinem Leben,
außer dein Herz zurückzubringen
und wieder in die Gegenwart Gottes zu versetzen,
obwohl es jedes Mal wieder fortlief,
nachdem du es zurückgeholt hattest,
dann hat sich dein Leben wohl erfüllt.

Franz von Sales

Je mehr ich mein Herz zentriere und in die Gegenwart Gottes versetze, desto besser gelingt es mir, (un-)verletzlich zu leben.

Die Kunst,
sich nicht verletzen zu lassen

Verletzungen und Kränkungen schmerzen. Wir fühlen uns schwach, energielos, es »nimmt uns mit«. Kommt dann noch das Gefühl von Ohnmacht hinzu, weil wir uns als Opfer empfinden und keine Möglichkeit sehen, dem Geschehenen etwas entgegenzusetzen, verstärkt sich diese negative Gefühlslage. Oft sind wir total gelähmt oder es erfasst uns eine tiefe Trauer, aus der wir nicht herauszukommen scheinen. Insofern ist es allzu verständlich und berechtigt, sich nicht verletzen lassen zu wollen.

Es gibt eine Ur-Verletzung, einen Urschmerz, den jeder Mensch mitmacht und der sich nicht vermeiden lässt. Das ist die Trennung von der Mutter. Die Nabelschnur wird durchtrennt, die Symbiose mit der Mutter aufgehoben. Damit das Kind überlebt und diesen Trennungsschmerz überwindet, müssen physisch und psychische Bedürfnisse, wie bereits erwähnt, erfüllt werden. Werden sie nicht erfüllt, entsteht ein Defizit, das wehtut. Jeder Mensch hat damit zu tun. Das ist wiederum tröstlich: Ich bin nicht alleine mit meinen Verletzungen.

Wenn wir die *körperliche* Ebene betrachten, ist es einleuchtend, dass wir uns vor Verletzungen schützen können, indem wir gefährlichen Situationen aus dem Wege gehen und vermeiden, allzu waghalsig zu sein, sondern eben achtsam mit unserem Körper umgehen. Auch im Fall von Krankheiten können wir dafür sorgen, uns nicht anzustecken, unsere Abwehrkräfte zu stärken und zu versuchen, gesund zu leben. Trotzdem gibt es niemanden, der sich nicht schon einmal verletzt hat, gestürzt ist, sich eine Wunde zugezogen hat. Und jeder war – trotz großer Vorsicht – sicherlich schon mehr als einmal krank. Ganz entscheidend ist dann eine gute Behandlung.

Parallel dazu kann man die *seelische* Ebene betrachten. Auch hier gilt: Vorsicht und Achtsamkeit sind gut, ganz vermeiden lassen sich aber seelische Verletzungen und Kränkungen nicht. Und auch hier ist es so, dass eine gute Behandlung, ein guter Umgang mit mir selbst von Bedeutung sind.

»Zeit heilt alle Wunden«, so sagt der Volksmund. Da ist etwas Wahres dran, und es ist schon erstaunlich, dass wir zuschauen können, wie zum Beispiel Hautwunden ohne unser Zutun verheilen. Manchmal allerdings bleibt eine Narbe. Gleiches gilt für seelische Vorgänge: Sie können im Lauf der Zeit heilen, aber es kann etwas zurückbleiben.

So wie wir auf der körperlichen Ebene die Heilung unterstützen können und nicht nur die Zeit »machen« lassen, können wir dies auch auf der seelischen Ebene tun. Wichtig ist zu wissen, dass wir es in der Hand haben, Heilung zu beeinflussen, also dabei mitwirken können.

Um eine Gefühlslage – sei sie positiv oder negativ – zu verstehen, gilt, kurz auf einen Nenner gebracht: Sind alle meine Bedürfnisse erfüllt, geht es mir gut. Sind Bedürfnisse unerfüllt, leide ich.

Einen Teil der Bedürfnisse kann ich mir selbst erfüllen. Ich kann mir selbst Gutes tun. Bei einem anderen Teil meiner Bedürfnisse bin ich aber auf andere Menschen angewiesen. Wir sind

Beziehungswesen, auf ein Du angelegt, und insofern entstehen natürlicherweise Erwartungen und Wünsche an dieses Du. Ist es ein lebendiges Geben und Nehmen, werden Bedürfnisse erfüllt, so erlebe ich die Beziehung als beglückend. Ist dies nicht der Fall, bin ich unglücklich und fühle mich schnell verletzt.

Als Kind konnten wir uns »die anderen« nicht aussuchen, wir waren den Eltern »ausgesetzt«. Unsere Eltern und Bezugspersonen in den ersten Lebensjahren waren vorgegeben, mit all ihren Stärken und Schwächen. Von diesen Personen haben wir bekommen, was sie bereit und fähig waren zu geben. Oft haben wir einen Mangel erlebt, dass also unsere Bedürfnisse nicht ausreichend erfüllt wurden. Das tat weh. Diesen Mangel versuchen wir oft ein Leben lang auszugleichen, das heißt, nachträglich zu bekommen, was wir so schmerzlich vermisst haben und wohl noch immer vermissen.

Später als Erwachsene können wir eigentlich frei aussuchen, welche Menschen zu unserem Umfeld, zum eigenen Beziehungsnetz gehören sollen – aber ist diese Wahl wirklich so frei, wie wir denken? Oft wählen wir im Sinne unserer Eltern, das heißt: Wir wiederholen, was uns vertraut ist, obwohl es uns nicht guttut, oder wir wählen absolut konträr dazu, um endlich zu bekommen, was uns gefehlt hat. Aber auch das »Kontrastprogramm« beinhaltet Verletzungspotenzial, gerade weil es so fremd ist. Für Partnerschaften gilt daher meistens: Der Punkt der Anziehung ist der Punkt des Konfliktes. Die Charaktereigenschaften, die ich faszinierend am Partner finde, sind gleichzeitig auch die Punkte, die verunsichern, mit denen ich schwer umgehen kann.

Ist zum Beispiel jemand ruhig, zurückgezogen und kommt gut mit sich alleine zurecht, so wirkt dies auf eine kommunikative Person faszinierend, weil es ein Zeichen von Souveränität und Freiheit zu sein scheint. Gleichzeitig vermisst der kommunikative Partner, dass der andere sich wenig mitteilt und kaum Gefühle zeigt.

Verletzungen gehören also zu unserem Leben dazu. Wir können sie nicht umgehen – aber wir können lernen, konstruktiv mit ihnen umzugehen.

Konstruktiv meint zum einen, für eine gute *Prophylaxe* zu sorgen: sich zu schützen, zu wappnen, auf sich zu achten und um die eigene Verletzlichkeit – insbesondere mit Blick auf den »wunden Punkt« – zu wissen. Zum anderen meint es: Wenn ich verletzt bin, mich nicht als Opfer zu fühlen, sondern handlungsfähig zu bleiben und Strategien zu kennen, die mich wieder aufbauen. Es geht also um eine gute *Behandlung* der seelischen Wunden.

Wie entstehen Verletzungen?

Um mit Verletzungen gut umzugehen, muss ich verstehen, wie sie zustande kommen. Es lassen sich vier Schritte unterscheiden, die den Weg zu einer Verletzung aufzeigen:

1. Ich bin in eine bestimmte Situation gestellt. Jemand sagt oder tut etwas – oder tut oder sagt etwas *nicht*.
2. Ich interpretiere und bewerte die Situation. Ich deute sie und komme zu einer persönlichen Überzeugung.
3. Es stellt sich entsprechend meiner Deutung ein Gefühl ein.
4. Das Gefühl bestimmt mein weiteres Verhalten.

Im Fall negativer Gedanken, also einer »schlechten« Bewertung, entsteht ein negatives Gefühl. Die Deutung, wie ich über das Geschehene denke, ist also der entscheidende Punkt. Davon hängt ab, wie ich mich fühle. Nun gibt es zu *einer* Situation *mehrere* Deutungen. Ein Beispiel dazu: Ich halte vor einem Auditorium einen Vortrag – eine Person gähnt.

Deutung 1: Mein Vortrag ist langweilig, ich bin inkompetent, es interessiert keinen, was ich zu sagen habe. Konsequenz: Ich bin deprimiert und halte keine Vorträge mehr!

Deutung 2: Die gähnende Person ist müde, vermutlich war es ein langer Tag, es ist schon spät am Abend. Konsequenz: Das Gähnen berührt mich nicht.

Deutung 3: Die Atmosphäre hier ist so gut, locker, unbeschwert, dass jemand sich so frei fühlt, zu gähnen. Konsequenz: Ich fühle mich gut und kompetent.

Nicht die Tatsachen sind entscheidend, sondern ihre Deutung. *Ich* bin die Person, die deutet, das heißt: Ich habe es in der Hand, was ich darüber denke, wie ich interpretiere. Somit kann ich beeinflussen, wie ich mich fühle.

Den »wunden Punkt« erkennen

Wird durch oder in der Situation (hier durch das Gähnen) eine alte Wunde aufgerissen, das heißt werden alte Überzeugungen wachgerufen (zum Beispiel: Ich bin es nicht wert, dass man mir zuhört), dann fühle ich mich ich der oben genannten Szene besonders getroffen und habe zunächst keine Möglichkeit, etwas daran zu ändern. Erst mit Abstand kann ich meinen »wunden Punkt« erkennen und zu einer neuen Deutung kommen. Sie würde lauten: Als Kind war ich der Überzeugung, nicht gut genug zu sein. Ich bin vielleicht oft kritisiert und verunsichert worden, mir wurde nicht viel zugetraut. Heute habe ich schon oft bewiesen, dass ich gut reden kann, dass man mir zuhört! Die neue Deutung gibt mir Kraft und Selbstvertrauen und somit ein positives Gefühl.

Analyse meiner Verletzung

Hierzu eine Übung, bei der Sie sich eine Verletzung aus der letzten Zeit vergegenwärtigen sollten. Beantworten Sie die Fragen der Übungsanleitung. Es geht darum, alternative Deutungen zu finden und somit die Gefühle positiv zu beeinflussen.

1. Situationsbeschreibung:

   Was ist geschehen?

2. Bewertung:

   Was habe ich darüber gedacht?
   Zu welcher Überzeugung bin ich gekommen?
   Wie habe ich die Situation gedeutet?

3. Gefühle/körperliche Reaktion:

   Wie habe ich mich gefühlt?
   Wie hat mein Körper reagiert?

4. Resultierendes Verhalten:

Was habe ich getan, was habe ich gelassen?

***

Zu 2.

Gibt es eine andere Sichtweise bzw. Bewertung
des Vorfalls?
Könnte ich auch anders über den Vorfall denken?
Gibt es eine andere Deutung?
Was sagt das Verhalten über den »Täter« aus?
Kann ich mich in den »Täter« hineinversetzen?
Welche Gründe kann es für sein Verhalten geben?

Zu 3.

Wie würde ich mich *dann* fühlen?

Zu 4.

Wie würde ich *dann* reagieren?

In diesem Bild kann man zwei Gesichter bzw. Profile erkennen: das einer jungen Frau, die schräg nach hinten schaut,
vom Betrachter weg, oder das einer alten Frau, die nach links
schaut. Ein Bild – zwei Interpretationen! Es macht deutlich,
dass ein und derselbe Sachverhalt unterschiedlich gesehen
werden kann – und beide Sichtweisen sind richtig!

Konstruktiver Umgang mit Verletzungen

Es geht also um Strategien, die mir einen Handlungsspielraum er-
möglichen, bewusst mit der Situation so umzugehen, dass das tiefe
Gefühl des Verletztseins abgemildert oder sogar aufgelöst wird.

Nicht jede Strategie ist auf jede Verletzung anwendbar, aber
es ist hilfreich, verschiedene Möglichkeiten zu kennen und sie
auszuprobieren. Es tut gut, Gestalter zu sein und nicht in einem
lähmenden Zustand der Passivität verhaftet zu bleiben. Gestalten
meint nicht unbedingt, im Außen zu handeln, sondern kann auch
bedeuten, sich für eine Einstellung, eine innere Haltung zu entscheiden.

Verständnis für mich/ für den anderen

Mich verstehen: Ich stelle mir die Frage: Was hat mich so sehr getroffen? Welches meiner Bedürfnisse wurde vom anderen missachtet? Was wurde mir genommen? Schauen wir auf das Enneagramm und die beschriebenen Grundbedürfnisse (Zuwendung, Sicherheit, Freiraum): Inwiefern kenne ich diesen Schmerz von früher? Was ist meine Grundangst (Modell nach Riemann)? Vielleicht verstehe ich dann, wieso es mich so stark trifft. Ich erkenne, was ich brauche, was ich vermisse, was mich schwach und klein macht. Hilfreich ist dann die Arbeit mit dem »inneren Kind«.

Unter dem inneren Kind versteht man die Summe aller Prägungen, die ich in der frühen Kindheit erfahren habe und die einen Bestandteil meines Unbewussten ausmacht. Dem inneren Kind wird der Gefühlsbereich zugeordnet, und zwar sowohl die positiven Gefühle wie Freude, Liebe, Glück als auch die negativen wie Angst, Schmerz, Wut, Trauer und so weiter.

Das Erwachsenen-Ich ist die Instanz in mir, die rational das Ganze wie von außen betrachten kann, die erkennen und darauf reagieren kann. Das Erwachsenen-Ich kann sich um das »innere Kind« kümmern, kann Kontakt aufnehmen und erforschen, was das »innere Kind« braucht.

Wie ein guter Elternteil kann das Erwachsenen-Ich trösten, beruhigen, Liebe schenken, fördern oder ermutigen. Diese Möglichkeit, bewusst mit meinem »inneren Kind« gut umzugehen, nennt man Beelterung. *Ich* kann *mir* das geben, zusprechen, was ich gerne vom anderen bekommen hätte. Ich kümmere mich um mich. Zwar hätte ich gerne die Wertschätzung von außen gehabt, aber wenn diese ausbleibt, kann ich mich trösten, indem ich eine gute Beziehung zu mir habe und mich wertschätze.

Eine Übung dazu

Betrachten Sie ein Foto, das Ihnen gefällt, auf dem Sie als Kleinkind im Alter von etwa zwei bis vier Jahren zu sehen sind. Versetzen Sie sich in dieses Kind! Wie geht es ihm? Was fühlt es? Erinnern Sie sich an ein Spielzeug, mit dem Sie als kleines Kind gespielt haben (Puppe, Teddy, Kuscheltier).

Was haben Sie an diesem Spielzeug gemocht? Nehmen Sie auf diese Weise Kontakt zum »inneren Kind« auf und treten Sie in einen Dialog. Lassen Sie das Kind sprechen, was es braucht, was es vermisst hat und sich wünscht. Nehmen Sie sich Zeit dafür.

Und dann versprechen Sie dem Kind, dass Sie ihm das geben werden, was es jetzt braucht. Vielleicht die Zusage, dass es geliebt ist (Herz-Typen) oder die Gewissheit, keine Angst haben zu müssen (Kopf-Typen) oder die Bestätigung, dass das Kind o.k. ist, wie es ist, dass es nicht um sein Recht kämpfen muss (Bauch-Typen). Wenn Sie mögen, nehmen Sie in Ihrer Vorstellung das »innere Kind« in Ihren Arm oder halten Sie es fest.

Stellen Sie das Foto eine Zeitlang auf Ihren Schreibtisch und bleiben Sie mit diesem Kind in Kontakt!

Den anderen verstehen: Warum hat der andere sich so verhalten, wie er sich verhalten hat? Was waren seine Beweggründe? Was ist *sein* Bedürfnis in der Situation gewesen? Allgemein gefragt: Was ist mit dem anderen los? Es ist gut, so neutral zu fragen. Formuliere ich die Frage bewertend – »Warum hat der andere mir das angetan?« –, sind die Rollen festgelegt: Ich bin das Opfer, der andere ist der Täter. Das lässt dann wenig Spielraum für alternative Deutungen des Vorgefallenen. Ich unterstelle dem anderen schnell eine böswillige Absicht. Um den anderen zu verstehen, muss ich die Perspektive wechseln, meinen Standpunkt verlassen können und mich in die andere Person hineinversetzen.

Ein Beispiel: Eine Freundin vergisst meinen Geburtstag. Mein Bedürfnis nach Beachtung, Zuwendung und Wertschätzung wird nicht erfüllt. Ich bin verletzt. Verstehe ich, warum meine Freundin in diesem Jahr meinen Geburtstag vergessen hat – weil sie eventuell besonders viel Arbeit hatte oder krank war –, dann kann ich besser damit umgehen.

Ein anderes Beispiel: Ich bin verletzt, weil ein Freund weniger Zeit in die Freundschaft investiert als ich. Ich würde ihn gerne öfters treffen, mich häufiger austauschen. Der Freund hat aber einfach nicht mehr Zeit, weil der Job anstrengend ist und er seinen Kindern als Familienvater gerecht werden will. Sein Verhalten – relativ wenige Treffen – ist nicht gegen mich gerichtet, sondern er schützt sich damit selbst vor einer Überforderung. Die Enttäuschung meinerseits hat nichts mit meiner Person zu tun, sondern ist der Situation geschuldet. Hätte der Freund mehr Freiraum, würde er sich gerne öfters mit mir treffen.

Es wäre wünschenswert, wenn mir der andere sein Verhalten erklärt, also ein Gespräch möglich ist, denn ansonsten bleiben meine vermuteten Antworten Spekulation. Andererseits scheuen wir oft ein offenes Gespräch, weil wir uns dann schwach vorkommen und Angst haben, nicht verstanden zu werden, wodurch die Verletzung verstärkt würde.

Es kann sein, dass der andere mich tatsächlich bewusst verletzen wollte. Meistens ist es aber so, dass er aus *seinem* Wesen heraus gehandelt hatte, ihm entsprechend in der Situation unfähig war, sich anders zu verhalten. Deshalb sollte ich mehrere Gründe im Blick haben, also neben der »bösen Absicht« andere Ursachen in Betracht ziehen. Wir sehen vom anderen nur die »Spitze des Eisberges«, sein Verhalten, seine Eigenschaften. Die bewussten und unbewussten Beweggründe kennen wir nicht.

Wollen wir den anderen verstehen, müssen wir »in seinen Schuhen« gehen. So sagt eine Weisheit der Indianer Nordamerikas: »Wenn du nicht tausend Meilen in den Mokassins des anderen gegangen bist, hast du kein Recht zu urteilen.« Je mehr ich verstehe, desto weniger verurteile ich den anderen, desto weniger erlebe ich das Vorgefallene als böswillige Absicht, wodurch sich das Gefühl des Verletztseins reduziert.

Relativieren

Relativieren meint: Ich setze das Geschehene in einen größeren Zusammenhang. Aus einem inneren Abstand heraus betrachte ich, was vorgefallen ist. Ich fühle mich als Opfer – aber war ich nicht oft auch selbst Täter? Vielleicht habe ich genau das, was mir jetzt angetan wurde, selbst schon einmal gemacht? Wir sind alle keine Heiligen, sondern Menschen mit Schwächen und blinden Flecken.

Man denke an das Gleichnis in der Bibel vom Splitter und Balken: Wir sehen oft den Splitter im Auge des anderen und erkennen nicht den Balken im eigenen. Das führt zu einer Selbstgerechtigkeit, in der wir uns über den anderen erheben. Je mehr ich den anderen verurteile und als »den Bösen« deklariere, desto mehr bringe ich mich ins Abseits. Diese Haltung macht hart, streng und unversöhnlich. Der Franziskanerpater Richard Rohr stellte in diesem Zusammenhang in einem Vortrag einmal die Frage: »Willst du Recht haben oder glücklich sein?«

Unser Recht- und Unrechtempfinden ist sehr subjektiv. Natürlich gibt es auch objektives Unrecht. Wenn jemand beispielsweise dreißig Minuten zu spät zu einer Verabredung kommt, dann kann man dies nicht schönreden, dann ist das ein Fakt. Aber wie sehr der Wartende darunter leidet und wie stark er sich dadurch verletzt fühlt, also als wie *groß* das Unrecht erlebt wird, liegt an der Person selbst.

Relativieren bedeutet in diesem Zusammenhang einerseits, dass ich bereit bin, meine Messlatte, meinen Maßstab zu verändern und vor allem nicht mit zweierlei Maß zu messen: beim anderen und bei mir selbst. Ich gestehe mir also ein, selbst oft Fehler zu machen und dadurch den anderen zu verletzen. Und lerne in einem zweiten Schritt, mir und dem anderen zu verzeihen. Das Thema »Vergebung« wird im 7. Kapitel, in dem es um innere Kraftquellen geht, noch einmal aufgegriffen.

Ausgleich

Wiedergutmachung: In Beziehungen ist es gut und wichtig, dass eine gewisse Balance besteht zwischen Geben und Nehmen und dass faire Kompromisse gefunden werden. Mal werden die Bedürfnisse des einen, mal die des anderen mehr berücksichtigt, aber insgesamt herrscht ein Gleichgewicht. Kommt einer der Partner in der Beziehung zu kurz, wird er vielleicht ausgenutzt oder sogar Vertrauen missbraucht, dann ist es gut, dies bewusst zu machen, anzusprechen und für einen Ausgleich zu sorgen. Wenn Vertrauen missbraucht wurde, muss dies wiederaufgebaut werden. Wenn lange Zeit einer in der Partnerschaft dem anderen zuliebe zurückgesteckt, verzichtet hat, muss sich die Situation irgendwann ändern, sodass nun der andere mit seinen Bedürfnissen im Vordergrund steht. Es ist gut, für diesen Ausgleich einzutreten, Wünsche zu äußern, das Problem zu benennen. Selbst wenn der andere darauf nicht eingeht, die Dinge vielleicht auch anders sieht, ist es trotzdem um der eigenen Selbstachtung Willen gut, für sich einzustehen.

In christliche Kreisen wird dies oft unterlassen. Im Namen der Nächstenliebe oder als Demutszeichen wird auf die eigenen Bedürfnisse verzichtet. Langfristig ist dies für eine Beziehung auf Augenhöhe schädlich.

Rache: Rache ist ebenfalls eine Form des Ausgleiches. Jemand hat mir Schaden zugefügt – ich räche mich dafür, indem ich dem anderen auch schade. Das gibt mir ein gutes Gefühl. In mir ist es wieder stimmig. Nun fühlt sich der andere (berechtigterweise) getroffen und sorgt für einen Ausgleich in seinem Innenleben, indem er »zurückschießt«. In der Regel wird dies zu einer Spirale, die sich weiter fortsetzt. Dieser »Wettbewerb« kann eskalieren und führt zu Kriegen im Kleinen wie im Großen. Das heißt, Rache ist immer das Bemühen um einen Ausgleich und wird hier der Vollständigkeit halber angeführt; aber es wird deutlich, dass diese Strategie eine negative Eskalation zur Folge hat und insofern untauglich ist.

Mahatma Gandhi formuliert es so: »Auge um Auge – und die ganze Welt wird blind sein!« Gleichzeitig betont Gandhi, dass die Wut, die der Rache zugrunde liegt, eine positive Kraft entfalten kann. »Wut ist ein Geschenk«, so lautet der Buchtitel von Arun Gandhi, der das Vermächtnis seines Großvaters, Mahatma Gandhi, veröffentlich hat. Wut kann der Motor sein, Gerechtigkeit wiederherzustellen, aber im Sinne des oben erwähnten Ausgleichs. Gandhi sagt: »Wut ist für einen Menschen wie Benzin für ein Auto – sie treibt einen an, damit man weiterkommt. Wut ist die Energie, die uns zwingt, zu definieren, was gerecht ist und was ungerecht.«

Delegation: In Fällen, bei denen die Verletzung so groß ist, dass man nicht mehr weiterweiß, es keine Erklärungen gibt, kein Verständnis, wo Relativieren und Ausgleichen nicht möglich ist, gibt es die Chance, die ganze Angelegenheit an eine »höhere Instanz« abzugeben. Dies setzt voraus, dass ich an Gott oder wie auch immer ich diese Instanz nenne, glaube, und dass dieser Gott der wahre Richter ist, dem ich mein Schicksal anvertrauen kann und der für einen Ausgleich sorgt in mir und in dem anderen. Ich brauche mich nicht darum zu kümmern, wie, wann und wo. Ich vertraue einfach darauf, *dass* es geschieht. Ich darf abgeben, mich befreien von all dem, was mich bedrückt, in dem Vertrauen, dass damit »gut« umgegangen wird.

Wenn dies gelingt, kann ich nach vorne schauen, bin ich nicht mehr verhaftet und gebunden an die Personen, die mich verletzt haben. Es macht mich frei. Solange ich nachtragend bin, »trage« ich »nach«, laufe ich also dem »Täter« hinterher. Delegiere ich jedoch den Ausgleich, kann ich die Verletzung vielleicht nicht vergessen, aber sie kann doch heilen im Bewusstsein: Jemand trägt mit.

Bei den bisher erwähnten Strategien ging es um *punktuelle* Verletzungen und die Frage, wie reagiere ich in dieser speziellen Situation. Nun gibt es aber auch »Dauerverletzungen«, das heißt, ich befinde mich immer wieder in den gleichen Verletzungssituationen, in Umständen, die mir dauerhaft nicht guttun. Zum Beispiel am Arbeitsplatz, wenn ich gezwungen bin, mit einer Person zu arbeiten, zusammen zu sein, mit der ich Schwierigkeiten habe. Oder eine ursprünglich frei gewählte Beziehung, in der ich mich zunehmend unwohl fühle. Für solche Situationen gilt der Satz: »Love it, change it or leave it!« Das meint, es gibt drei Möglichkeiten, auf widrige Situationen zu reagieren:

»*Love it*« meint, ich nehme die Situation oder die Person so an, wie sie ist; ich sehe es als Herausforderung an, das Beste für mich daraus zu machen, mich gleichzeitig aber auch zu schützen.

»*Change it*« meint, ich versuche, die Situation zu verändern, ich spreche Probleme und meine Verletzung offen an; dies erfordert Mut, Offenheit und Ehrlichkeit.

»*Leave it*« meint, ich gehe aus der Situation heraus, verlasse das Feld. Wenn ich spüre, ich kann oder will es nicht annehmen und merke auch, dass ich nichts verändern kann oder mir einfach die Kraft dazu fehlt, dann ist es sinnvoll, zu gehen. Das erfordert aber, Altes loszulassen und Neues zu wagen. Ich vertraue darauf, dass es mir besser gehen wird, dass es gewinnbringend für mich sein wird, auch wenn ich vielleicht einen hohen Preis zahlen muss, dass ich einen solchen Schritt wage.

Ein Beispiel zu einem scheinbar banalen Problem: Eine Freundin kommt fast zu jeder Verabredung mal mehr, mal weniger zu spät. Mit einer kurzen, eher halbherzigen Entschuldigung bzw. Erklärung geht sie zu anderen Themen über. Ich bin verletzt, da diese Freundin mich regelmäßig warten lässt und somit über meine Zeit verfügt.

»*Love it*«: Ich beschließe, diese Freundin nicht ändern zu wollen. Sie ist, wie sie ist, und ich akzeptiere ihre Art. Ich nehme mir vor, nicht mit Pünktlichkeit zu rechnen, erlaube mir deshalb auch selbst, einmal zu spät zu kommen, und übe mich in »Lockerheit«: Ich nehme ein Buch mit zu einer Verabredung im Café und überbrücke Wartezeiten sinnvoll. Im Sinne von »Schutz« überlege ich mir, wie oft ich diese Freundin treffen möchte und mich dieser für mich eher unschönen Situation aussetze.

»*Change it*«: Ich spreche mein Problem, mein Verletztsein offen an. Ich bitte die Freundin, pünktlich zu sein, wenn sie sich mit mir verabredet. Und zwar *nicht*, weil Pünktlichkeit an sich einen Wert hat, der sich diskutieren lässt, sondern weil es *mein Bedürfnis* ist, sich an Absprachen zu halten. Ich mache deutlich, dass es *mir* wichtig ist.

»*Leave it*«: Ich spüre, dass ich mich dauerhaft verletzt fühle und sehe nicht ein, dass ich dieses Verhalten meiner Freundin akzeptieren soll oder muss. Habe ich das Problem angesprochen und es ändert sich nichts, beschließe ich, die Verbindung zu beenden. Es kann aber auch sein, dass ich nicht den Mut habe, über die Situation und meine Verletzung zu sprechen. Ich beende die Beziehung ohne Aussprache. In diesem Fall vergebe ich die Chance, dass sich eventuell etwas zu meiner Zufriedenheit verändert hätte. Es stellt sich die Frage, wie wichtig mir die Person ist.

Ein anderes Beispiel für ein offensichtlich ernsteres Problem: In der Partnerschaft/Ehe entwickeln sich die Interessen auseinander, man hat sich immer weniger zu sagen und lebt nebeneinander her.

»*Love it*«: Ich akzeptiere die unterschiedlichen Interessen. Ich lasse den anderen so, wie er ist. Ich bin vielleicht traurig, dass es wenig Gemeinsamkeiten gibt, arrangiere mich aber mit der Situation und lebe mein Bedürfnis nach Austausch und gemeinsamen Aktivitäten mit anderen Menschen.

»*Change it*«: Ich spreche die Situation an und benenne mein Verletzsein darüber, dass es so wenig Gemeinsamkeiten gibt. Ich mache Vorschläge, die Situation zu verändern, indem ich mich stärker für die Bereiche des Partners interessiere und mir im Gegenzug Gleiches vom anderen wünsche. Ich suche nach neuen Bereichen, die uns beiden gefallen könnten. Ich überlege, was sich in der Beziehung verändert hat, und versuche die Entwicklung zu verstehen. Eventuell ist eine Beratung oder Therapie hilfreich.

»*Leave it*«: Ich spüre, dass ich so nicht weiterleben möchte, dass die Beziehung eine Belastung ist, dass ich mich isoliert und einsam fühle und darunter leide. Ich habe versucht, darüber ins Gespräch zu kommen und etwas zu verändern. Wenn dies alles nicht geholfen hat und ich keine Chance mehr sehe, dass sich die Situation verändert, beschließe ich, mich zu trennen. Ich wäge ab, was ich verliere, wie hoch der Preis ist, den ich zahle, und stelle mir gleichzeitig vor, was ich gewinne, wenn ich aus der Beziehung herausgehe. Diese »nüchterne« Rechnung sollte ich in jedem Fall ganz ehrlich vor mir selbst aufmachen. Ich sollte gute Gründe haben, falls ich mich trennen möchte.

Ein weiteres Beispiel: Mobbing am Arbeitsplatz. In einer Arztpraxis wird eine von vier Arzthelferinnen gemobbt. Arzthelferin A ist dominant, hat das Sagen und kommandiert Arzthelferin B herum. Arzthelferinnen C und D halten sich zurück, sie haben ein anderes Tätigkeitsfeld innerhalb der Praxis und mischen sich nicht ein.

»*Love it*«: Arzthelferin B beschließt, ruhig und gut ihre Arbeit zu machen, ohne sich von Arzthelferin A beeinflussen zu lassen. Sie schützt sich, indem sie sich ganz auf ihre Arbeit konzentriert, die sie eigentlich gerne macht. Außerdem ist ihr bewusst, dass die Arbeit in diesem belastenden Umfeld nur ein Teil ihres Lebens ausmacht, und sorgt für einen positiven Ausgleich im Privatleben. Sie braucht die Arbeit, das Gehalt stimmt, und mit ihrem Chef, dem Arzt, kommt sie auch gut zurecht.

»*Change it*«: Arzthelferin B spricht die Situation offen an; zunächst im Kreis der drei Arzthelferinnen. Sie nennt Beispiele, wann sie sich verletzt gefühlt hat, herabgesetzt und bevormundet. Falls sie auf wenig Verständnis stößt, es keine Klärung gibt und sich nichts verändert, spricht sie mit ihrem Vorgesetzten, dem Arzt. Ziel ist es, die Situation und Atmosphäre unter den Arzthelferinnen zu verändern, entweder durch einen achtsameren Umgang auf Augenhöhe, oder – falls es schwierig bleibt – dadurch, dass die Arbeitsbereiche von Arzthelferin A und B getrennt werden, sodass es wenig Berührungspunkte zwischen diesen beiden gibt.

»*Leave it*«: Arzthelferin B kann oder möchte nicht über ihre Verletzungen sprechen. Vielleicht sieht sie kaum eine Chance, dass sich etwas verändern würde. Eventuell hat sie schon einmal einen Versuch gestartet, etwas zu verändern. Nun ist sie nicht mehr gewillt, die Situation weiter zu ertragen. Sie spürt, dass es viel Kraft und Energie kostet, neben Arzthelferin A ihre Arbeit zu tun. Sie verdient zwar gut und der Arzt ist nett, aber die negative Atmosphäre wiegt so schwer, dass sie beschließt, sich um eine andere Arbeitsstelle zu kümmern.

Es zeigt sich wieder, dass es darauf ankommt, bewusst Entscheidungen zu treffen und Schritte zu gehen. Dieser aktive Prozess der inneren Auseinandersetzung, der Reflexion, der Suche nach Antworten und Lösungen bewirkt eine innere Lebendigkeit auf ein Ziel hin: Wertschätzung und Achtung mir selbst gegenüber. Ich bin es mir wert, mich um mich zu kümmern, ohne dabei den anderen aus dem Blick zu verlieren. Der konstruktive Umgang mit Verletzungen führt heraus aus der Opferrolle zu einer inneren Stabilität und Stärke und fördert die Entwicklung meiner Persönlichkeit. Es geht darum, dass ich das Verletzsein wahrnehme und spüre, aber dann Möglichkeiten nutze, um zeitnah aus dem schmerzhaften Gefühl herauszukommen.

Prophylaxe vor Verletzungen

Es bleibt die Frage, ob ich mich im Vorfeld vor Verletzungen schützen kann. Schutz bedeutet Abstand: Ich lasse den anderen nicht so nah an mich herankommen, dass er mich verletzen kann. Ich stecke meinen Raum ab, ziehe eine Grenze.

Dazu ist es hilfreich, mit inneren Bildern zu arbeiten. In unseren Kursen bieten wir folgende an: ein Schutzschild, das ich vor mir hertrage und überall hin mitnehmen kann; eine Mauer, hinter der ich mich bergen kann; eine Burg als Zeichen der Geborgenheit und Festigkeit; eine Ritterrüstung, die Schutz bietet und die ich dann anlege, wenn es nötig ist; zwei Masken – eine lachende und eine weinende –, hinter denen ich mein Gesicht verbergen kann. Es gibt natürlich unzählig weitere Schutzsymbole, die dienlich sein können. Lassen Sie Ihre Fantasie spielen! Wichtig ist, dass jeder *sein* inneres Bild findet, das passt und ihm guttut.

Eine weitere Möglichkeit, um einen Abstand zwischen sich selbst und einer verletzenden Situation zu schaffen ist die Methode der »Dissoziation«. Viele kennen den Begriff im Zusammenhang mit Traumata und deren unbewusster Verarbeitung: Das traumatische Ereignis wird abgespalten und verdrängt, um die Gegenwart leben und bewältigen zu können. Für eine bestimmte Zeit ist dies ein sinnvoller Schutzmechanismus. Auf längere Sicht, wenn die Bereitschaft und Kraft zur Aufarbeitung vorhanden ist, sollte das Trauma angeschaut werden.

Viktor Frankl, der Begründer der Logotherapie, hat sich die Methode des Abspaltens zunutze gemacht. Als Jude war er mehrere Jahre im KZ inhaftiert. Seiner Meinung nach hat er nur überlebt, weil er bewusst seine Person »aufgeteilt« und »einen Doppelgänger« entwickelt hat: Er selbst blieb unverletzt und nur ein kleiner äußerer Teil seiner Person wurde mit dem Schrecken und Terror des KZ konfrontiert. So hat er innerlich einen Abstand geschaffen, der ihm geholfen hat zu überleben.

Auch wenn unsere Situationen im Alltag bei Weitem nicht so tragisch sind, kann man sich diese Methode zunutze machen. Folgendes Bild ist gut, um einen inneren Abstand zu schaffen zwischen mir und einem Ereignis, in das ich involviert bin: Ich sitze im Zuschauerraum eines Theaters und sehe mich auf der Bühne meines Lebens. Ich betrachte von außen, was geschieht, bin nicht beteiligt und deshalb geschützt. So kann ich mir auch in schwierigen Situationen vorstellen, dass mein Innerstes unverletzt und heil bleibt, was immer auch passiert. Innerlich bleibe ich frei!

Außer »Was schützt mich?« kann ich auch fragen »Was macht mich stark?« Alles, was ich mit Freude tue und schaffe, bei dem Begeisterung mitschwingt, stärkt meine Person. Deshalb sollte ich mir bewusst machen: Was kann ich gut? Was begeistert mich? Welche Fähigkeiten habe ich? Worauf bin ich stolz? Wenn mir dies bewusst ist, kann ich von dieser starken Position aus die schwierigen und womöglich verletzenden Situationen leichter angehen. Neben einem gesunden Selbstwertgefühl ist es ratsam, den Körper mit einzubeziehen. Wie ist meine Haltung, meine Körperspannung? Diese wiederum ist verantwortlich für meine Körpersprache. Eine Körpersprache, die ausdrückt: Ich bin zentriert, gesammelt, aufgerichtet und stark, ist weniger angreifbar als eine Haltung, die wenig Energie ausdrückt. Durch Sport, Körper- und Atemübungen kann ich eine positive, starke Haltung entwickeln, die wiederum mein Selbstbewusstsein stärkt.

Und ganz konkret: Steht eine schwierige Situation an, zum Beispiel ein Gespräch, bei dem ich ahne, dass ich möglicherweise verletzt werde, dann kann ich vorher im Rollenspiel einüben, wie ich etwas sage, mir überlegen, was ich erreichen will, was der andere möglicherweise anspricht und wie ich darauf reagieren werde. Dies gibt mir Sicherheit für das tatsächliche Gespräch, in dem ich dann selbstbewusster auftreten kann als bisher.

Alle Vorschläge bezüglich Prophylaxe brauchen Übung, das heißt, damit sie wirksam ist, muss es zur Gewohnheit werden, bestimmte innere Bilder zu benutzen, den Körper nicht zu vergessen und mir meiner Selbst, vor allen meiner positiven Seiten, bewusst zu sein. Alles Neue muss eingeübt werden; je mehr ich übe, desto besser.

Hierzu eine kleine praktische Übung

Falten Sie die Hände und schauen Sie, welcher Daumen oben aufliegt – der rechte oder der linke? Dann falten sie die Hände noch einmal, jetzt aber so, dass der andere Daumen oben ist. Es stellt sich ein merkwürdiges, nicht stimmiges Gefühl ein, weil es ungewohnt ist. Wenn Sie nun ganz oft die Hände so falten, wie es eigentlich nicht Ihre Art ist, wird es bald zur neuen Gewohnheit und stimmig für Sie – Übung macht den Meister!

Die Kunst,
sich verletzen zu lassen

Warum sollte ich mich verletzen lassen?
Was ist daran erstrebenswert?
Warum diese Kunst beherrschen?

Es gibt eine erste einfache Antwort: Nur, wer verletzlich ist, kann lieben und geliebt werden. Verletzlichkeit und Liebe gehören zusammen. Wir möchten Menschen lieben und das Leben an sich. Wir lieben bestimmte Orte, Situationen und Begegnungen. Wenn wir lieben, lassen wir uns ein, wir berühren und wollen berührt werden. Wir möchten nicht nur Beobachtende sein. Je mehr ich mich aber einlasse, je näher ich herankomme, desto größer ist das Risiko, dass aus Berührung Reibung entsteht, die wehtun kann. Wir können enttäuscht werden, das Leben präsentiert Situationen, denen ich nicht gewachsen bin, alles verändert sich, und letztendlich sind wir mit Abschieden konfrontiert und müssen das, was uns lieb geworden ist, loslassen, weil alles vergänglich ist.

Ist dann die Lösung, sich gar nicht erst einzulassen, um nicht verletzt zu werden? Es würde mir vieles erspart bleiben. Aber ich würde auch vieles verpassen. Glück, Erfüllung und Lebensfreude empfinde ich nur, wenn ich nicht außen vor bleibe und dichtmache, sondern mich einlasse.

Wenn Liebe und Verletzlichkeit zusammengehören, gibt es auch keinen Grund, mich meiner Verletzlichkeit zu schämen oder sie nicht wahrhaben zu wollen. Sie ist ein Indikator dafür, dass ich liebesfähig bin. Es geht darum, zu meiner Verletzlichkeit zu stehen. Manchmal muss ich mir selbst die Erlaubnis geben, trauern und leiden zu dürfen! Das bedeutet nicht, in lähmendes Selbstmitleid zu verfallen. Aber allzu oft wird suggeriert, permanent glücklich sein zu können und zu müssen, wenn wir nur das »Richtige« denken und tun. Wenn dann Anspruch und Wirklichkeit auseinanderklaffen, macht mich dies noch unglücklicher. Die Kunst, sich verletzen zu lassen, besteht auch darin, meiner Verletzung einen angemessenen Raum zu geben, in dem sich etwas verwandeln kann.

Eine weitere Antwort auf die Frage nach der Kunst, sich verletzen zu lassen, ist ebenfalls einleuchtend, aber schwer verdaulich zugleich: Das Leben hält Verletzungen bereit, die ich nicht vermeiden kann.

Es sind Verletzungen, die auf jeden zukommen, früher oder später, und bei denen es auch keine Strategie gibt, die ich anwenden könnte, um den Schmerz zu lindern. Verletzungen, bei denen ich mich zunächst ohnmächtig fühle, im wahrsten Sinne des Wortes keine Macht habe und keinen Einfluss, die Dinge zu verändern. Hierauf wollen wir näher eingehen.

Harte Wahrheiten

Der amerikanische Franziskanerpater Richard Rohr erwähnt bei seinen Seminaren oft den Begriff »harte Wahrheiten«. Damit meint er Realitäten, die niemand wahrhaben will, die aber jeder anerkennen muss. So zum Beispiel die Erkenntnis: Du wirst sterben! Oder: Du bist nicht so wichtig, es geht auch ohne dich. In den »harten Wahrheiten« entdecken wir eine Verletzlichkeit an uns, die nicht mit psychologischen Erkenntnissen und therapeutischen Interventionen vermieden oder beseitigt werden kann. Es sind meistens die großen, unser Leben verändernden dramatischen Verletzungen, vor denen wir oft ohnmächtig stehen.

Häufig erleben wir, dass gerade auch die Menschen, die über alle möglichen Lebensfragen intensiv reflektiert haben, bei diesen »harten Wahrheiten« überraschend stumm sind. Über den Tod zum Beispiel wird nach wie vor nicht gerne geredet und man bereitet sich auch eher selten richtig darauf vor. Zwei Beispiele:

Frau Dr. K. (58 Jahre) stammt aus Moskau, hat in den 70er-Jahren auf der Krim Medizin studiert, wurde Fachärztin für Neurologie und arbeitete und forschte an einem Universitätsklinikum. Nach dem Fall des Eisernen Vorhangs kam sie mit ihrer Familie nach Deutschland und arbeitete wieder in einer neurologischen Klinik. Eine kluge, gebildete Frau. Sie berichtet bei einem Gespräch ganz überraschend, dass sie schon in Russland ganz ungern auf Friedhöfe gegangen sei. Es überkam sie immer ein Angstschauer. Und mit zunehmendem Alter werde diese Angst immer größer. Warum? In ihrer Ausbildung in der Sowjetunion wurde es als eine wissenschaftliche Selbstverständlichkeit betrachtet, dass es kein wie auch immer geartetes Leben nach dem Tod gibt. Wenn das Gehirn seine Funktionen aufgibt, ist alles vorbei. Keine Seele, kein körperloses »Selbst«. Wer etwas anderes sagte, galt als religiöser Spinner, und Religion war in der Sowjetunion unerwünscht und ihre Anhänger wurden oft sogar verfolgt.

Die Vorstellung, mit dem Tod ist alles vorbei, machte die Friedhöfe in der Sowjetunion zu unheimlichen Orten, weil man hier auf seine eigene Vergänglichkeit gestoßen wird. Je älter man wird, je deutlicher. Der Tod als letzte, größte existenzielle Verletzung – das ist auch heute in unserer westlichen Kultur etwas Furchterregendes.

Herr L. war leitender Mitarbeiter in der Verwaltung eines Bundesministeriums in Bonn. Ein gebildeter Mann mit Bücherwänden bis zur Decke, mit teuren Bildern an der Wand und kostbarem Geschirr im Schrank. Der Mann ist über 80, alleinstehend, ohne engere Familie, und bittet um einen Besuch.

Auf den ersten Blick bin ich fasziniert von dieser geballten Bildung und ich glaube dem Mann, dass er die Bücher alle gelesen hat. Doch auf den zweiten Blick fällt auf, dass sich auf den Schreibtischen in der großen Wohnung Akten stapeln, Rechnungen unbearbeitet liegen, dass Bücher nicht mehr einsortiert werden, sondern auf dem Boden verstreut sind.

Offenbar ist der Mann überfordert mit der Organisation dieses für Liebhaber wertvollen Hausstandes. Das, was ihm früher mit Freude und Leichtigkeit möglich war, ist nun zu einer untragbaren Bürde geworden. Ich gebe meinen Eindruck wider, dass er dringend seinen Hausstand reduzieren müsse. Ihm stehen die Tränen in den Augen, als er die Geschichte der Bücher und Kunstobjekte beschreibt. Jedes Objekt ist mit Erinnerungen verbunden. Er würde sich ja trennen, wenn es würdige Liebhaber solcher Objekte gäbe, sagt er. Aber er findet sie nicht. Die harte Wahrheit ist: Es gibt sie nicht oder kaum. Und deshalb bleiben viele Wohnungen und Häuser von älteren Menschen voll mit Wohlstandsobjekten, die nach dem Tod des Besitzers im Müll landen.

Es wäre doch besser, sich ganz bewusst von Dingen zu trennen, den Schmerz auszuhalten und dann so zu leben, wie man es bewältigen kann. Das Loslassen ist in der zweiten Lebenshälfte unvermeidbar. Ich habe nur die Möglichkeit, dabei aktiv zu sein oder es passiv zu ertragen. Aktives Loslassen kostet viel Kraft, führt aber zu einem Gefühl der Zufriedenheit, zu der Gewissheit, kein Chaos zu hinterlassen. Wir werden uns im Weiteren noch genauer auf die Suche nach dieser Kraft begeben.

Manchmal hilft nur eine Katastrophe

In der Nacht vom 23. auf den 24. März 1942 gab es den ersten Angriff mit einem Flächenbombardement durch die Royal Air Force auf deutschen Boden. Ein Drittel der historischen Altstadt von Lübeck wurde damals zerstört. Es war eine Reaktion auf die Zerstörung der Stadt Coventry, bei der rund 600 Menschen getötet wurden. Der wohl bekannteste Bürger der Stadt Lübeck war der Literaturnobelpreisträger Thomas Mann. Er lebte damals im Exil in den USA, wohin er vor dem Naziregime geflohen war.

Im April 1942 wendete er sich in einer denkwürdigen Ansprache im Radio der BBC an seine deutschen Landsleute. Die Rede wurde auf Langwelle gesendet und war deshalb in Deutschland auch mit den damaligen »Volksempfängern« zu hören. Thomas

Mann verteidigte als Deutscher die Angriffe: »Und lieb ist es mir nicht zu denken, dass die Marienkirche, das herrliche Renaissance-Rathaus oder das Haus der Schiffergesellschaft sollten Schaden gelitten haben. Aber ich denke an Coventry und habe nichts einzuwenden gegen die Lehre, dass alles bezahlt werden muss.«

Thomas Mann hat nach dem Zweiten Weltkrieg vor allem in der Generation der Kriegsteilnehmer viele Anfeindungen als »Vaterlandsverräter« erfahren. Erst die Kriegskinder, also die Kinder der Kriegsteilnehmer, konnten die Opfer und Zerstörungen in den Städten als Folge eines barbarischen Angriffskrieges des eigenen Volkes sehen.

Viele haben dann diese harte Wahrheit annehmen können, dass offenbar nur durch eine totale militärische Niederlage Deutschlands eine Veränderung des Bewusstseins zu einem »Nie wieder Krieg« möglich wurde. Deutschland wurde zu einem friedlichen Volk nicht durch Einsicht, nicht durch wirtschaftliche oder militärische Erfolge, sondern durch die Erfahrung der totalen Niederlage.

Ein Bild dafür war der Kölner Dom direkt neben dem Kölner Hauptbahnhof kurz nach dem Krieg. Viele zurückkehrende Soldaten oder ausgebombte Zivilisten aus dem Rheinland kamen nach dem Krieg über diesen Bahnhof nach Hause. Als sie auf dem Bahnhofsvorplatz traten, sahen sie die völlig zerstörte Innenstadt von Köln, in der allein der Dom wie eh und je unzerstört stand. Viele Menschen sind bei diesem Anblick zusammengebrochen und fingen an, hemmungslos zu weinen. Der ganze Schmerz über verlorene Lebensjahre, den Verlust lieber Menschen und oft auch des Zuhauses brach aus ihnen heraus. Manche gingen spontan in den Dom auf der Suche nach Trost für ihre Trauer und Verzweiflung, für ihre seelischen und körperlichen Verletzungen.

Diese Erfahrungen führen uns zu einer weiteren »harten Wahrheit«: Es ist gut, wenn wir erfolgreich sind, wir können dankbar sein, wenn wir auf der Sonnenseite des Lebens stehen. Doch das, was unser Bewusstsein wachsen lässt, was uns persönlich weiterbringt, sind offenbar die schmerzhaften und schwierigen Erlebnisse. Das gilt für die kollektiven Erfahrungen eines Volkes, also etwa die Erfahrungen eines Krieges oder Bürgerkrieges, aber auch für unsere individuellen Lebensgeschichten. Natürlich erschließt sich das erst mit einem zeitlichen Abstand – und es ist keine »nette« Wahrheit. Da gibt es nichts zu beschönigen.

Man würde sich wünschen, dass wir Menschen auf einer höheren Bewusstseinsstufe stünden und Entwicklungen friedlich im fairen Dialog entstehen. Aber die »harte Wahrheit« sieht anders aus. In unserer Seelsorgepraxis jedenfalls wird diese »harte Wahrheit« immer wieder bestätigt. Keiner, der nicht irgendwann mit schwierigen, schmerzhaften, verletzenden Erfahrungen zu kämpfen hätte. Manche kommen ihr ganzes Leben nicht darüber hinweg. Wenn man sich aber den Verletzungen stellt, sie wahrnimmt in ihrer ganzen Schmerzhaftigkeit und sie bewusst durchlebt, können wir daraus ein neue und tiefere innere Kraft ziehen, die unser Leben verändert und neue Perspektiven eröffnet. So formuliert C. G. Jung in diesem Zusammenhang: »Es gibt keine Bewusstwerdung ohne Schmerzen!«

Das Geheimnis des Christentums: Kreuz und Auferstehung als Quelle der Heilung

Eines der großen Geheimnisse der Weltgeschichte ist die geradezu explosionsartige Ausbreitung des Christentums bis in alle Winkel der damals bekannten antiken Zivilisation rund um das Mittelmeer bis hin nach Indien und China.

Es ist hilfreich, sich immer wieder klarzumachen, wie diese Entwicklung entstanden ist. Das Christentum hatte seinen Ursprung nicht primär in der Taufe Jesu oder in seinem irdischen Wirken. Es war kein dogmatisches Manifest. Das Christentum ist entstanden in der der Dynamik von Karfreitag über Karsamstag bis zum Ostersonntag. Es ist die Dynamik von Kreuz und Auferstehung. Jesus starb nach Verurteilung und Kreuzweg wie ein schlimmer Verbrecher. Er ließ seine enttäuschten Anhänger zurück. Alle Hoffnungen auf ein besseres Leben, die sie auf diesen charismatischen Redner und Heiler gesetzt hatten, wurden enttäuscht. Karfreitag war ein Tiefpunkt, nicht nur für den Mann aus Nazaret, der den qualvollen Tod am Kreuz erlitt, sondern auch für alle Menschen, die Hoffnungen in ihn gesetzt hatten.

Seine Jüngerinnen und Jünger hatten viel riskiert, ihr Leben verändert, hatten diesen Mann verehrt und geliebt. Jetzt sahen sie ihn am Kreuz und waren fassungslos. Vermutlich empfanden sie in diesem Moment ihr Leben als einen großen Scherbenhaufen. Alles brach zusammen.

Enttäuschte Liebe erzeugt nicht nur Trauer, sondern auch Wut. Es wäre nicht verwunderlich, wenn die Jünger und Jüngerinnen eine große Wut empfanden: auf die willkürliche Justiz, auf den

Repräsentanten des römischen Reiches, Prokurator Pontius Pilatus, aber auch auf Jesus selbst, von dem sie sich anderes erwartet hatten.

Und dann die Wende. Zwischen Karfreitag und Ostersonntag geschah das nicht Erwartete: Das Grab war leer. Die Frauen, die am Ostermorgen zum Grab gingen, um den Leichnam Jesu zu versorgen, fanden nur ein leeres Grab und zwei Männer in glänzenden Kleidern. Der Evangelist Lukas beschreibt die Szene so:

Sie aber erschraken und neigten ihr Angesicht zur Erde. Da sprachen die Männer zu ihnen: Was sucht ihr den Lebenden bei den Toten? Er ist nicht hier, er ist auferstanden. Gedenkt daran, wie er euch gesagt hat, als er noch in Galiläa war und sprach: Der Menschensohn muss überantwortet werden in die Hände der Sünder und gekreuzigt werden und am dritten Tage auferstehen. Und sie gedachten an seine Worte. Und sie gingen wieder weg vom Grab und verkündigten das alles den Elf und allen anderen Jüngern. (Lukas 24, 1–9)

In dieser Szene liegt die Geburtsstunde des Christentums. Das Grab Jesu war leer. Der Tod hatte nicht das letzte Wort, sondern das Leben.

Noch dramatischer beschreibt Johannes diese Szene. In seinem Evangelium betritt Maria Magdalena zunächst nicht das Grab, als sie den weggewälzten Stein entdeckte. Sie hatte vermutlich Angst und rannte zu den Jüngern zurück. Daraufhin liefen die Jünger zum Grab, jeder wollte der Erste sein. Sie fanden das Leichentuch und das Schweißtuch. Maria Magdalena war es dann, die den auferstandenen Jesus als Erste sah und die ihn nicht sofort erkannte, sondern meinte, er sei der Gärtner:

Maria aber stand draußen vor dem Grab und weinte. Als sie nun weinte, beugte sie sich in das Grab hinein und sieht zwei Engel in weißen Gewändern sitzen, einen zu Häupten und den andern zu den Füßen, wo der Leichnam Jesu gelegen hatte. Und die sprachen zu ihr: Frau, was weinst du? Sie spricht zu ihnen: Sie haben meinen Herrn weggenommen, und ich weiß nicht, wo sie ihn hingelegt haben. Und als sie das sagte, wandte sie sich um und sieht Jesus stehen und weiß nicht, dass es Jesus ist.

Spricht Jesus zu ihr: Frau, was weinst du? Wen suchst du? Sie meint, es sei der Gärtner, und spricht zu ihm: Herr, hast du ihn weggetragen, so sage mir: Wo hast du ihn hingelegt? Dann will ich ihn holen. Spricht Jesus zu ihr: Maria! Da wandte sie sich um und spricht zu ihm auf Hebräisch: Rabbuni!, das heißt: Meister!

Spricht Jesus zu ihr: Rühre mich nicht an! Denn ich bin noch nicht aufgefahren zum Vater. Geh aber hin zu meinen Brüdern und sage ihnen: Ich fahre auf zu meinem Vater und eurem Vater, zu meinem Gott und eurem Gott. (Johannes 20,15–17)

Bei aller Unterschiedlichkeit der Beschreibung dieser Szene ist doch sehr deutlich, dass sich hier im Grab eine Verwandlung vollzieht, die von der abgrundtiefen Trauer und Wut des Karfreitäglichen zum Geheimnis der Auferstehung und zur Osterfreude führt. Davon haben die ersten Christen bei jeder ihrer Zusammenkünfte erzählt. Von diesem Ereignis her wurden auch die Geschichten von Jesus beleuchtet. Und sie bekamen eine neue Dynamik. Tod und Auferstehung haben unzweifelhaft stattgefunden, waren aber keine historischen Ereignisse im klassischen Sinn, sondern Zeugnisse eines neuen Glaubens.

Tod und Auferstehung Jesu waren eine ungeheure Kraftquelle für den Alltag, für die Anfechtungen, Anfeindungen, Verletzungen, mit denen die Anhänger dieses neuen Glaubens konfrontiert waren. All diese schwierigen Ereignisse und Schicksalsschläge konnten verwandelt werden, indem sie sich die große Liebe Gottes bewusst machten, die im Transformationsprozess von Tod zu Auferstehung deutlich wird. Man hat in den Gemeinden die Geschichten von Jesus erzählt, Briefe der Apostel vorgelesen, gemeinsam gegessen, getrunken und gesungen.

Es war Plinius, der bithynische Statthalter, der in einem Brief an Kaiser Trajan (53–117 n. Chr.) ein Lied erwähnt als einen Wechselgesang der Christen vor Sonnenaufgang, das noch heute in vielen Gottesdiensten gesungen wird. Die heutige Musik dazu ist später entstanden, aber der Text stammt aus der Zeit des ersten Jahrhunderts. Es ist das berühmte *Gloria patri*:

Allein Gott in der Höh' sei Ehr
und Dank für seine Gnade.
Darum, dass nun und nimmermehr
uns rühren kann kein Schade.
Ein Wohlgefall'n Gott an uns hat,
nun ist groß Fried ohn' Unterlass,
all Fehd' hat nun ein Ende.

Wir loben, preis'n, anbeten dich
für deine Ehr'; wir danken,
dass du, Gott Vater ewiglich
regierst ohn' alles Wanken.
Ganz ungemess'n ist deine Macht,

fort g'schieht, was dein Will' hat bedacht;
Wohl uns des feinen Herren!

O Jesu Christ, Sohn eingebor'n
deines himmlischen Vaters,
Versöhner der'r, die war'n verlor'n,
du Stiller unsers Haders,
Lamm Gottes, heil'ger Herr und Gott,
nimm an die Bitt' von unsrer Not,
Erbarm' dich unser aller!

All das zeigt uns, dass im Ereignis von Tod und Auferstehung ein Prozess beginnt, der sich vor allem in uns ereignet. Wie gesagt: Tod und Auferstehung Jesu haben sicher stattgefunden, aber der exakte historische Ablauf spielt dabei eigentlich keine Rolle. Es geht nicht um das geschichtliche Ereignis, sondern um das, was es bewirkt hat in den Menschen. Wir können daher nur wahrnehmen, was diese Ereignisse noch heute mit uns machen.

Hier geht es nun um die spirituellen Aspekte dieses Geschehens. Beginnen möchten wir mit der Wahrnehmung, dass der Kreuzweg Jesu hin zum Tod in Golgatha und die Verwandlung im Grab einen exemplarischen Charakter hat. Der Weg, den Jesus gegangen ist, hat etwas mit unserem Leben zu tun. Wir kommen noch genauer darauf zurück.

Das Kreuz mit dem Kreuz

Wenn wir der »Kunst, sich verletzen zu lassen«, auf die Spur kommen wollen, führt kein Weg am Symbol des Kreuzes vorbei. Zwar war es nicht am Anfang des Christentums in der jungen Kirche als Zeichen des neuen Glaubens verbreitet, das war eher das Symbol des Fisches. Aber in der Spätantike und vor allem im Mittelalter wurde das Kreuz zum Zeichen für das Leiden Jesu und zugleich für die Überwindung von Leid und feierte Einzug in alle Kirchen und in die Häuser der Gläubigen. Ab dem 11. Jahrhundert wurde zunehmend an das Kreuz in den Kirchen ein »Corpus Christi« gehängt, der die Marter Jesu möglich drastisch darstellte. Jesus wurde gefoltert, geschlagen, verhöhnt. Alle Formen der Qualen, die man sich im Mittelalter vorstellen konnte, wurden in die Kreuzigungsszene Jesu eingebaut. Ein gutes Beispiel für die Folgen ist der berühmte *Crucifixus dolorosus* in St. Maria im Kapitol in Köln. Hier leidet Jesus nicht nur wegen lokaler Wunden, er blutet vielmehr am ganzen Körper. Sein ganzer Körper ist eine Wunde.

Die Menschen, die diesen leidenden Jesus betrachteten, entdeckten ihre eigenen Verletzungen darin wieder. Das berühmte St.-Annen-Museum in Lübeck und das Wallraf-Richartz-Museum in Köln sind voll mit Bildern dieser mittelalterlichen Leidensmystik. Diese Bilder sind keine Abbildungen eines historischen Ereignisses. Es sind »Therapiebilder« für leidende Menschen in ihrer Entstehungszeit. In der Betrachtung des Schmerzes konnten sie den eigenen Schmerz ein Stück abgeben an den leidenden Christus.

Diese Prozesse sind uns heute oft nicht mehr gegenwärtig. Gerade die Generation, die nach dem Zweiten Weltkrieg geboren wurde, hat mit dieser Leidensmystik nichts mehr am Hut. Man möchte nicht an diese grausamen Zeiten erinnert werden.

Viele Besucher unserer Seminare, auch »kirchennahe«, haben große Schwierigkeiten mit dem Geschehen am Kreuz. Warum muss sich Gott in seinem Sohn selbst zum Opfer darbringen? Sie wollen aus der Opferrolle heraus und ein selbstbestimmtes Leben führen, ohne schlechtes Gewissen, ohne Schuldkomplexe. Sie wollen die seelischen Verletzungen, von denen es auch heute viele gibt, abwehren und das Leben in Fülle genießen. Das ist verständlich. Mit der Drohung von Höllenstrafen wurden Menschen über Jahrhunderte hinweg diszipliniert. Es wurde ihnen Angst gepredigt und nicht die Freude des Evangeliums.

Nichtsdestotrotz kommen wir nicht umhin, die dunklen Seiten in unserer heutigen Welt und in unserem eigenen Leben wahrzunehmen. Die Nachrichten sind voll von Meldungen über Grausamkeiten, Kriege, Naturkatastrophen, Missbrauch, Ungerechtigkeiten. Und auch im individuellen Bereich nimmt die Verletzlichkeit zu – trotz der vielen Therapiemöglichkeiten. Keine Generation vor uns hat so häufig Psychotherapie in Anspruch genommen. Das hat dazu geführt, dass wir mehr wissen über Ursachen unserer seelischen Verletzlichkeit als jede Generation zuvor. Aber geht es uns deshalb besser? Wir haben es in unseren Kursen oft mit Menschen zu tun, die über Jahre hinweg eine Therapie nach der anderen absolviert haben, ohne dass sie ihre tiefe seelische Verletzung bewältigen konnten. Die Muster sind erstaunlich hartnäckig.

Dazu ein Beispiel: Eine 50-jährige Frau hadert seit über 20 Jahren mit der mangelnden Zuneigung ihres Vaters in der Kindheit. Der Vater versteht das nicht, hat immer das Beste gewollt. Er macht sich große Vorwürfe, ohne den Grund wirklich zu begreifen. Je älter Vater und Tochter werden, desto schwieriger wird der Kontakt. Die Tochter weiß viel über sich, hat diverse Therapien hinter sich und unendlich viele Informationen über ihre Verletzung. Aber es ändert sich nichts. Es fehlt der Schritt von der Information zur Transformation. Dieser Schritt lässt sich nicht psychologisch erzwingen. Er fordert von beiden ein Sich-Einlassen auf das Loslassen der alten Muster und ist mit großen seelischen Schmerzen verbunden. Richard Rohr beschreibt das so: Irgendwann muss ich in meinem Leben erkennen, dass es so nicht weitergeht. Es ist meine Entscheidung, ob ich als »frustrierter Alter« voller Selbstmitleid in den Tag lebe oder ob ich das Loslassen lerne.

Dazu ist es nötig, den Einstieg zu neuen Verhaltens- und Beziehungsmöglichkeiten zu finden. Das ist oft schmerzhaft, denn bevor ich mich auf neue Möglichkeiten einlassen kann, muss ich Ballast abwerfen, Vorwürfe mir selbst und anderen gegenüber ablegen und aufhören, mit ungenutzten Möglichkeiten zu hadern. Der Einstieg erscheint zunächst wie ein Abstieg. Stimmen sind zu hören, die sagen: »Du bist nur so arm dran, weil deine Eltern dir so viel angetan oder vorenthalten haben. Sie sind schuld an deiner Misere.« Oder: »Dein Mann ist schuld, dass es dir schlechtgeht, weil er sich von dir getrennt hat.« Diese Stimmen dürfen nicht Macht über uns bekommen, ansonsten bleiben wir immer in den alten Mustern stecken!

Weil das ein harter Kampf ist, hat Richard Rohr an den Einstieg zum Abstieg ein Kreuz gesetzt wie ein Wegzeichen. Es bedeutet: Ab hier wird es ungemütlich, aber es ist auch der Weg zum neuen

Leben. Das Kreuz zeigt uns, dass unser bisheriges Leben »durch-kreuzt« werden muss, wenn sich wirklich etwas ändern soll. Es will uns gerade nicht in alten Sackgassen unseres Lebens belassen.

Zusammenfassend könnte man sagen: Die beiden Stichworte »Kreuz« und »Auferstehung« weisen auf die Quellen der Kraft hin, die uns Hilfe bei dem Bewältigen dramatischer Verletzungen und Krisen unseres Lebens sein können.

Aber wo finde ich diese Quellen? Das ist eine Frage, die viele Menschen beschäftigt. Eine erste banale Antwort: Ich muss mich auf die Suche machen, ich muss mich auf den Weg machen, dann erlebe ich »Wundersames«: »Wenn ihr mich von ganzem Herzen suchen werdet, so will ich mich von euch finden lassen, spricht der Herr« (Jeremia 29,13). Wir finden solche besonderen Kraftquellen nicht »automatisch«. Ein Buch zu lesen oder im Kloster ein Semi-nar zu besuchen, kann wichtige Impulse geben. Die Impulse wir-ken aber nur, wenn wir uns tatsächlich auf den Weg machen.

Im Folgenden wollen wir einen Weg genauer beschreiben, der eine lange Tradition im Christentum hat: den Kreuzweg Jesu.

Bevor man sich aber mit dem Kreuzweg Jesu, also mit der letz-ten Etappe seines Lebens, beschäftigt, ist es sinnvoll, nochmals ei-nen Blick auf sein Leben zu werfen.

Was zuvor geschah ...

Der Leidensweg Jesu wird nur verständlich, wenn wir das Leben Jesu und sein Wirken, seine Botschaft der Liebe, der Barmherzig-keit und der Vergebung nicht vergessen. Jesus hat in seinem Leben viele Menschen »auferstehen« lassen, ihnen Mut gemacht, Würde vermittelt und eine Perspektive. Wir denken an den Gelähmten am Teich Bethesda, den er auffordert: »Steh auf, nimm dein Bett und geh!«, nachdem er 38 Jahre dort vergeblich auf Heilung gewartet hatte und innerlich aufgegeben hatte. Zachäus, der Zöllner, von allen verachtet, klettert neugierig auf einen Baum, um Jesus sehen zu können. Dieser fordert ihn auf, Gastgeber zu sein und ihn, Jesus, in sein Haus einzuladen. Diese Begegnung verändert das Leben des Zöllners grundlegend. Es gibt noch viele andere Heilungsgeschichten, die von der radikalen Liebe Jesu berichten.

So ist es erstaunlich, wie viele Menschen sich mit einem negativen Gottesbild plagen. Offensichtlich ist ihnen ein Gott gepredigt worden, der streng ist und uns bestraft. Verständlicherweise möchte man mit einem solchen Gott nichts zu tun haben und macht einen weiten Bogen um Kirche und ihre Vertreter. Kurioserweise ist solch ein Gottesbild exakt das Gegenteil zu dem, wie Jesus war und was er gepredigt hat. Die Pharisäer, die allzu schnell verurteilten und penibel auf Recht und Ordnung pochten, waren ihm ein Dorn im Auge. Es ist schwierig, alte Gottesbilder, die sich tief eingeprägt haben, loszulassen und einen neuen Zugang zu Gott zu finden. Vielleicht gelingt es, wenn wir durch den Kreuzweg erkennen: Gott ist »ganz unten« zu finden, wenn wir einem Gott begegnen, der verzweifelt weint und betet.

Im Kreuzweg bzw. in Jesu Tod und seiner Auferstehung spitzt sich seine Botschaft zu. Es ist ein Akt der Liebe, dass Jesus den Weg konsequent zu Ende zu geht, sich als Mensch verletzlich zeigt, so wie wir auch alle verletzlich sind. Jesus steigt nicht aus dem »Programm« aus, sondern bleibt ganz Mensch bis zum Schluss, wird verurteilt und stirbt am Kreuz. Dabei bleibt es aber nicht, es folgt die Auferstehung, die für immer ein Geheimnis bleiben wird. Jesus ist als Mensch gestorben, aber als Christus auferstanden. In dieser göttlichen Natur erscheint er dann seinen Jüngern und Jüngerinnen. Er bezeugt: Ich bin und bleibe mitten unter euch. Mein Geist wird euch leiten, ihr seid nicht alleine.

Gott ist in Jesus Mensch geworden, damit wir erkennen, wer und wie Gott ist. Damit wir nicht einen fernen Gott verehren, sondern einem liebenden Gott nachfolgen, der mit uns ist: »Das Reich Gottes ist mitten unter euch« (Lukas 17,21). Das ist das Wesen des Christentums, dass Gott uns so nahekommt und wir erkennen: Gott ist in uns. So schreibt Paulus im Brief an die Galater 2,20: »... und nicht mehr lebe ich, sondern Christus lebt in mir!« Im Johannesevangelium 17,21 ist zu lesen: »Alle sollen eins sein: Wie du, Vater, in mir bist und ich in dir bin, sollen auch sie in uns sein.«

Wenn Gott in uns ist, dann haben wir einen unsterblichen, göttlichen Kern. So werden auch wir auferstehen. Mit unserem irdischen Tod ist nicht das Ende markiert, sondern der Anfang einer neuen Dimension. Wir werden aber nicht erst im Tod auferstehen, sondern können in diesem Leben Momente der Auferstehung erfahren.

In der Karte, die diesem Buch beigelegt ist, finden Sie Bilder zum Kreuzweg. Sie drücken diese Ambivalenz aus: einerseits Schmerz, Niedergeschlagenheit, Einsamkeit, andererseits die Kraft der Liebe und Verbundenheit. So ist das Herz Bestandteil vieler Bilder. Die zum Teil leuchtenden Farben drücken Hoffnung und Zuversicht aus. Der Künstler Alfred Kreutzberg hat sie geschaffen. Er wird am Ende des Buches unter der Überschrift: »Lebensgeschichten, die Mut machen« noch genauer vorgestellt.

Der Kreuzweg als Weg der Transformation

Wenn wir uns auf den Kreuzweg einlassen, geht es nicht um das distanzierte Betrachten von historischen Bildern, sondern darum, meinen eigenen Weg zu finden. Ich bin als Gehender in einer aktiven Haltung. Ich kann und muss meinen eigenen Kreuzweg gehen, aber ich bin nicht hilflos. Ich bin nicht Opfer, sondern Handelnder. Vor allem: Ich bin nicht alleine. Indem ich entdecke, dass in Jesu Kreuzweg auch mein eigener Kreuzweg und der Kreuzweg unzähliger anderer Menschen sichtbar wird, wird es mir leichter ums Herz. Geteiltes Leid ist halbes Leid.

Wir haben in diesem Buch schon mehrfach auf die Bedeutung von Bildern und Symbolen hingewiesen. Sie öffnen unsere Seele, öffnen uns für die tiefen Schmerzen und Wunden und zugleich für die Erinnerung an die glücklichsten Momente unseres Lebens. Der Kreuzweg Jesu ist voll von solchen energiereichen Bildern.

Der Kreuzweg hat sich seit dem Mittelalter ständig verändert, Stationen kamen dazu oder fielen weg. Deshalb nehmen wir uns die Freiheit, die möglichen Stationen zu vier thematischen Schwerpunkten zusammenzufassen:

Station 1: Gebet im Garten Gethsemane
Station 2: Verurteilung und Kreuzweg
Station 3: Kreuzigung und Sterben
Station 4: Auferstehung

Zunächst werden die Stationen näher beschrieben – historisch und in ihrer heutigen Bedeutung. Am Ende einer jeden Station finden

Sie dann eine Anregung zur Meditation. Hierzu können Sie die Bilder betrachten, die Sie in der Karte finden, die diesem Buch beigefügt ist.

Station 1:
Das Gebet im Garten Gethsemane

Der Kreuzweg Jesu wäre anders verlaufen, wenn er nicht im Gebet im Garten, während seine Jünger schliefen, Stärkung durch den Engel erfahren hätte. Dieses Gebet war nicht leise und harmonisch, es war ein existenzielles Ringen, eine eindringliche Frage nach dem »Warum?«, ein Schrei, den bitteren Kelch vorübergehen zu lassen. Es war ein Schrei nach Leben. Jeder, der in der Seelsorge mit Menschen arbeitet, die eine lebensbegrenzende Krankheitsprognose bekommen, kennt diese Phase.

»Was soll aus meiner Familie werden, wenn ich nicht mehr da bin? Wir hatten doch noch so viel vor!« Zu akzeptieren, dass es nun so nicht mehr möglich sein wird, ist für viele beinahe unmöglich. Dass unser Leben endlich ist, ist eine große, vielleicht die größte Verletzung, die wir ertragen müssen.

Aber auch wenn es nicht um das tatsächliche Ende meines irdischen Lebens geht, gibt es Situationen, die sich wie Sterben anfühlen: Die Trennung einer langjährigen Beziehung, der ungeklärte Abbruch einer Freundschaft, der Verlust eines Arbeitsplatzes, ein Vertrauensbruch oder eine tiefe Enttäuschung. Ich bin an einem absoluten Tiefpunkt angelangt und weiß nicht, wie es weitergeht. Vielleicht fühle ich mich so verlassen wie Jesus, dessen Freunde schliefen, während er im Garten Gethsemane voller

Angst und Verzweiflung dem entgegensah, was auf ihn zukommen sollte.

Jesus konnte sagen: »Aber nicht mein Wille, sondern dein Wille geschehe.« Und danach kam ein Engel und gab ihm Kraft, heißt es bei Lukas (Lukas 22,43). Diesen Satz empfinden die übrigen Evangelisten offenbar als nicht so wichtig, denn er ist nur bei Lukas zu finden. Dabei ist er von fundamentaler Bedeutung für das Ertragen, Verwandeln und Heilen von Verletzungen, die wir nicht ändern können. Wir brauchen innere Kraft, die stärker ist als der Schmerz. Jesus findet diese Kraft im Gebet durch einen Engel. Die Frage an uns ist: Können wir auch offen werden für eine solche Kraft?

Viele Menschen haben Schwierigkeiten mit dem Beten. Zu sehr ist unser Bild geprägt von einer formelhaften Sprache, von kirchlichen Räumen. Jesus selbst betete meistens in der Natur. So auch hier im Garten Gethsemane. Er spürte wohl, dass er in der Natur dem Schöpfergott Jahwe nahe sein konnte. Besonders die uralten Olivenbäume beeindrucken bis heute den Besucher. Wir wissen heute, dass Bäume potenziell unsterblich sind. Die Rinde kann sich unbegrenzt erneuern. Deshalb ist es so beglückend, mit dem Rücken an einen Baum zu sitzen oder einen Baum zu umarmen. Diese Geste, die Kontaktaufnahme zum Baum, kann zu einem Gebet werden: Ich ahne, dass ich Teil der großen Schöpfung bin, dass es einen Schöpfer gibt, zu dem ich – in welcher Form auch immer – eine Beziehung habe. Wenn ich diese Verbundenheit spüre, dann fühle ich mich weniger alleingelassen, dann kann ich neu Vertrauen schöpfen, dass ich einen schwierigen Weg, der vor mir liegt, bewältigen kann. Durch ein solches Gebet in der Natur können Menschen, die nicht mehr an Gott glauben können, einen neuen Zugang zur spirituellen Dimension des Lebens finden.

Ein anderer Zugang ist die Musik. Die Mandolinenkonzerte von Vivaldi zu hören, kann manchen zu Tränen rühren. Auch Choräle haben eine unglaubliche Wirkung. Hier nur zwei Beispiele:

»In dir ist Freude in allem Leide« (Ev. Gesangbuch 398). Dieses Lied hatte sich eine ältere Dame aus unserer Gemeinde gewünscht, nachdem sie die Diagnose Bauchspeicheldrüsenkrebs bekam. Das bedeutete, sie hatte nur noch wenige Monate zu leben. Sie hatte sich mit ihrem Mann in ein kleines Ferienhaus zurückgezogen, um hier zu sterben. Das Lied haben wir nach einem Gottesdienst in ihrer Heimatgemeinde mit den Gottesdienstbesuchern aufgenommen und ihr dann vorgespielt:

> *In dir ist Freude in allem Leide,*
> *o du süßer Jesu Christ!*
> *Durch dich wir haben himmlische Gaben,*
> *du der wahre Heiland bist;*
> *hilfest von Schanden, rettest von Banden.*
> *Wer dir vertrauet, hat wohl gebauet,*
> *wird ewig bleiben. Halleluja.*
> *Zu deiner Güte steht unser G'müte,*
> *an dir wir kleben im Tod und Leben.*

Als wir mit der Frau vor ihrem Ferienhaus saßen und dann unter den vielen Bäumen und der dazwischen durchscheinenden Sonne diesen Choral hörten, war eine ganz friedliche, ja fast leichte Stimmung zu spüren.

»Wer nur den lieben Gott lässt walten« – dieser Choral ist auch vielen »Nichtkirchgängern« bekannt geworden durch den Film »Vaya con dios« (»Geh mit Gott«) mit dem jungen Daniel Brühl in der Hauptrolle. Er handelt davon, wie drei Mönche des (fiktiven) Ordens der Kantorianer als letzte Bewohner ihr Kloster verlassen müssen. Jeder von ihnen versucht, seinen eigenen Weg zu finden und muss dabei verschiedene Abenteuer bestehen.

(1)

Wer nur den lieben Gott lässt walten
und hoffet auf ihn allezeit,
den wird er wunderbar erhalten
in aller Not und Traurigkeit.
Wer Gott, dem Allerhöchsten, traut,
der hat auf keinen Sand gebaut.

(2)

Was helfen uns die schweren Sorgen,
was hilft uns unser Weh und Ach?
Was hilft es, dass wir alle Morgen
beseufzen unser Ungemach?
Wir machen unser Kreuz und Leid
nur größer durch die Traurigkeit.

(7)

Sing, bet und geh auf Gottes Wegen,
verricht das Deine nur getreu
und trau des Himmels reichem Segen,
so wird er bei dir werden neu;
denn welcher seine Zuversicht
auf Gott setzt, den verlässt er nicht.

Wir haben diese Beispiele ausgesucht, weil wir immer wieder erleben, dass sie (zugegeben oft älteren) Menschen bei Trauerprozessen helfen. Aber auch jüngere Menschen können in der Musik Trost finden. Tobias, ein 16-jähriger Junge, ehemaliger Konfirmand, hat einen Tumor im Kopf, er ist todkrank und hat nur noch wenige Wochen zu leben. Alle, die ihn kannten, waren fassungslos. Warum durfte Tobias seine Träume nicht verwirklichen, keine Familie gründen, keine Frau heiraten, keinen Beruf ausüben? Stattdessen sollte er auf den Tod warten. Bei einem Besuch im Krankenhaus bat er mich, sein Lieblingslied mitzubringen: »You'll never walk alone«. Tobias war seit seiner Kindheit Fan des HSV und mit seinem Vater und Freunden oft im Stadion gewesen. Wir haben uns beim nächsten Mal die Hymne angehört, ganz laut – ich hatte die Schwestern vorgewarnt.

Die bekannteste Fußballhymne weltweit verbindet alle Fans, egal, welchem Verein sie angehören. Die zentrale Aussage: Du hast einen schwierigen Weg vor dir, aber du gehst deinen Weg nicht alleine! Wir sind alle da! Gott ist da!

Einige Wochen später starb der junge Mann. Er hatte sich dieses Lied gewünscht für seine Beerdigung. Aber nicht von einer CD abgespielt, sondern live gesungen. Die Kirche war voll besetzt bis auf den letzten Platz, seine Freunde, Mitschüler, Lehrer, die Familie – alle waren da. Und wir spürten, was diese Zeile des Songs ausdrückt:

»*At the end of a storm there's a golden sky.*«
Wir werden uns wiedersehen!

Das sind einige Beispiele für die inneren Kräfte, die wir aktivieren können, um uns auf schwierige Situationen vorzubereiten. Wichtig ist, dass Sie Ihren eigenen Garten Gethsemane finden, Ihre eigene Kraftquelle, Ihre eigene Art zu beten, Ihren eigenen spirituellen Weg. Werden Sie kreativ, vielleicht ist es gar nicht so schwer, eine mir entsprechende Form des Betens zu finden!

Meditation zur 1. Station:
Ich sammle innere Kraft

Jesus betet im Garten Gethsemane. Allein, ein Zwiegespräch mit Gott. Er fällt auf den Boden, betet und spricht: »Mein Vater, wenn es möglich ist, so gehe dieser Kelch an mir vorüber; doch es geschehe nicht wie ich will, sondern wie du willst.« Es erscheint ihm aber ein Engel vom Himmel, der gibt ihm Kraft.

Ich denke an die Situationen in meinem Leben,
in denen ich mich allein gefühlt und zu Gott gebetet habe,
und ich bekam keine Antwort
und ich bekam doch eine Antwort –
überraschend und ganz anders, als erwartet.

Station 2:
Verurteilung und Kreuzweg

Der kurze Prozess, in dem Jesus verurteilt wurde, machte jedem Augenzeugen der Szene deutlich: Hier gibt es keine neutrale Rechtsprechung. Das Urteil war schon vor dem Prozess klar. Zeugen wurden nicht gehört. Jesus sollte beseitigt werden, möglichst schnell. Obwohl unklar war, welches Verbrechen er begangen haben könnte, das den Tod am Kreuz rechtfertigte. Die religiösen Führer des Landes ließen ihren Einfluss spielen und erreichten ihr Ziel. Der römische Prokurator unterzeichnete das Todesurteil.

Das Gerichtsverfahren ist zwar 2000 Jahre her, aber die Art und Weise, wie mit Jesus vor Gericht umgegangen wurde, ist auch heute noch Realität. Denken wir an die inhaftierten Journalisten in der Türkei, an Deniz Yücel, der ein Jahr ohne Anklageschrift im Gefängnis saß. Das Bild des unschuldig Verurteilten und ungerecht Behandelten stößt bei vielen Menschen heute auf eine große Resonanz. Viele Mobbing-Opfer fühlen sich abgestempelt, verurteilt, ihr Ruf ist ruiniert. So leicht kommt man da nicht mehr heraus. Ein Gefühl der Ohnmacht und Wut macht sich breit, manchmal auch eine Lähmung. Jeder kennt vermutlich die Situation, ungerecht behandelt worden zu sein, zu kurz gekommen im Vergleich zu anderen. Wir müssen akzeptieren, dass die Welt ungerecht ist: Es gibt Menschen mit und ohne Beeinträchtigung, manche Kinder erfahren mehr Liebe und Geborgenheit als andere. Intelligenz, Begabungen und Fähigkeiten sind »ungerecht« verteilt. Diskriminierungen aufgrund von Herkunft und Hautfarbe spielen auch heute noch eine Rolle. Einige Menschen haben Glück, treffen auf die Richtigen und können dank Beziehungen

Karriere machen. Andere bleiben trotz großer Anstrengungen auf der Strecke.

Wie können wir damit umgehen? Der Kreuzweg Jesu bzw. die Stationen auf dem Weg können Hinweise geben, wie wir einen Ausweg finden.

Jesus nimmt sein Kreuz und trägt es. Während des Gangs zur Richtstätte fällt er dreimal. Das Kreuz ist brutal schwer und die Kräfte Jesu schwinden. Genau eine solch zunehmende Kraftlosigkeit beobachten wir bei vielen Menschen, die von der Fülle ihrer Probleme schier erdrückt werden. Sie spüren: »Ich kann nicht mehr, ich gebe auf!« Wenn wir in solchen Situationen nicht aufpassen, endet es mit einer Depression oder sogar mit suizidalen Gedanken.

Aber es gibt auf dem Kreuzweg Jesu auch Begegnungen mit Menschen, die ihn unterstützen, ihm Kraft geben: Simon von Cyrene hilft ihm das Kreuz zu tragen; Jesus begegnet seiner Mutter, mit der er eng verbunden war. Veronika wischt ihm den Schweiß von der Stirn; Jesus begegnet auch den Frauen, die ihm nahestanden und die um ihn weinen.

Das könnte ein Schlüssel sein, den eigenen Kreuzweg zu bewältigen: Wenn ich niedergeschlagen bin, enttäuscht und kraftlos, dann bin ich in erster Linie mit meinem Leid beschäftigt. Ich erkenne nicht, dass es Hilfe geben könnte. Oft möchte ich mir auch die Hilflosigkeit nicht eingestehen, die Schwäche nicht zeigen. Anstatt mich dann abzuschotten, kann ich mir bewusst machen, was oder wer mir hilft, meine Last zu tragen. Wer oder was könnte mich aufrichten? Das kann ganz praktische Hilfe sein oder einfach das spürbare Mitgefühl anderer Menschen. Beides kann mich stärken und mich innerlich und äußerlich aufrichten. Ich muss nicht alles alleine schaffen.

Was auf dem Kreuzweg Jesu geschah, ist vielleicht schon ein Teil des Transformationsprozesses. Das Kreuz – unser Kreuz ist wichtig für unseren aufrechten Gang. Erst die Stärkung des Kreuzes in der Evolution ermöglichte es dem Menschen, aufrecht zu gehen. Könnte es nicht sein, dass der Kreuzweg Jesu auch etwas zu tun hat mit dem aufrechten Gang, der manchmal nötig ist und der den Menschen erst zum Menschen macht?

Eine Ahnung davon hatten schon die ersten Theologen der jungen Kirche: Justin, der Märtyrer, schrieb in seiner Ersten Apologie im Jahr 155:

»Die Kreuzigung ist das größte Geheimnis der Macht und Herrschaft Christi. Denn betrachtet alles, was in der Welt ist, ob es ohne diese Figur des Kreuzes gehandhabt werden oder Zusammenhang haben kann. Das Meer kann nicht durchschritten werden, wenn nicht dieses Siegeszeichen, das hier Segel heißt, auf dem Schiffe unversehrt bleibt. Die Erde wird nicht gepflügt durch dasselbe, Grabende und Handwerker verrichten ihre Arbeit nicht ohne Werkzeuge, die diese Form haben; die menschliche Gestalt unterscheidet sich in nichts anderem von der der unvernünftigen Tiere als dadurch, dass sie aufrecht ist, die Hände ausspannen kann und im Gesicht von der Stirne an einen Vorsprung, die Nase, trägt, durch die beim Lebenden der Atem geht und der keine andere Form als die des Kreuzes hat.«

Der verurteilte Jesus auf dem Weg zur Richtstätte gewinnt Statur. Er schreit nicht, er leistet keinen gewalttätigen Widerstand. Er geht mit seinem Kreuz gefasst seinen Weg. Er bringt etwas zu Ende, auch wenn es schwer ist, er zieht etwas durch. Was wir lernen können: Je stärker mein Kreuz ist, mein körperliches Rückgrat, vor allem aber mein »seelisches Kreuz«, desto leichter fällt es mir, unvermeidbare »Kreuzwege« zu gehen.

Ein Beispiel aus der Seelsorge: Frau P. (85 Jahre) hat eine Enkelin, die drogenabhängig ist. Der Vater ist überfordert, die Mutter ist geflohen. Die einzige Person, die helfen kann, ist die Oma. Ein dorniger Weg, einem jungen Menschen mit Drogenproblemen zu helfen. Ständig muss sie Rückschläge verkraften, manchmal geht es sogar handgreiflich zu. Die Enkelin überlebt nur, weil die Oma da ist. Sie ist die Hilfe auf ihrem Kreuzweg – so wie Simon von Cyrene, der Jesus hilft, das Kreuz zu tragen. Frau P. denkt nicht lange nach. Sie sagt: »Die kriegt mich nicht klein.« Ich frage: »Wo haben Sie Ihre Kraft her?« Frau P. antwortet: »Meine Mutter war mein Vorbild, sie hat immer getan, was getan werden musste, ohne groß nachzudenken. Vielleicht ist es ja wirklich so, dass es viel mehr helfende Hände gibt, als wir denken. Wir müssen nur dafür offen sein.« Die Geschichte hat bisher noch kein Happy End. Aber Frau P. sagt: »Ich gebe nicht auf!«

Meditation zur 2. Station:
Ich bin innerlich gefasst und trage meine Last

Als es Morgen wurde, fassten die Hohepriester und die Ältesten des Volkes gemeinsam den Beschluss, Jesus hinrichten zu lassen. Sie ließen ihn fesseln und abführen und lieferten ihn dem Stadthalter Pilatus aus. Pilatus sagte zu ihnen: »Was für ein Verbrechen hat er denn begangen?« Da schrien sie: »Ans Kreuz mit ihm!« Als Pilatus sah, dass er nichts erreichte, sondern dass der Tumult immer größer wurde, ließ er Wasser bringen, wusch sich vor allen Leuten die Hände und sagte: »Ich bin unschuldig am Blut dieses Menschen. Das ist eure Sache!« Jesus nimmt daraufhin sein Kreuz und trägt es zur Gerichtsstätte. Dabei bricht er mehrfach zusammen, bekommt aber auch unerwartete Hilfe von seiner Mutter, von den ihm vertrauten Jüngerinnen und Simon von Cyrene, der ihn unterstützt beim Tragen des Kreuzes.

Ich denke an die Situationen in meinem Leben,
in denen ich mich von anderen verurteilt fühlte,
abgestempelt, zum Abschuss freigegeben,
ohnmächtig, verzweifelt ...
Aber es gab immer auch jemanden,
der mich nicht verlassen hat,
der in meiner Nähe war,
meine Schmerzen erträglicher machte.

Station 3:
Der Tod am Kreuz

Das Ende naht. Die Zeit ist begrenzt, wenn der Prozess des Sterbens beginnt. Am Kreuz oder auf der Intensivstation oder zu Hause. In den vier Evangelien ist diese Szene unterschiedlich dargestellt. Eine lautet: Am Kreuz auf Golgatha hängt Jesus mit zwei Verbrechern, einer, der sein Ende annimmt und fast sarkastisch sagt: »Bist du nicht der Christus? Hilf dir selbst und uns«, und ein anderer, der Jesus um Vergebung bittet und von ihm die Zusage erhält, dass er noch am gleichen Tag ins Himmelreich kommt.

Die letzten Worte vor dem Sterben haben eine besondere Bedeutung, das kennen viele, die Sterbende begleitet oder an ihren Betten gewacht haben. Manchmal ist es nur ein Wort. Auch Jesus äußerte in seiner Todesstunde noch Wichtiges, zum Beispiel im Gespräch mit den beiden Verbrechern, die rechts und links von ihm am Kreuz hingen.

Jesus war in seiner Todesstunde gefasst, aber auch verzweifelt. Laut dem Markusevangelium ruft er laut: »Mein Gott, mein Gott, warum hast Du mich verlassen!« Im Johannesevangelium dagegen stirbt er ganz sanft. Aber in allen Erzählungen spürt man: Das ist nicht das Ende, es ist vielmehr der Moment der größten Liebe und der größten Möglichkeit, Frieden zu schließen und zu vergeben, was zu vergeben ist.

Wir sind nicht immer in der extremen Situation, dass tatsächlich jemand stirbt, aber wir fühlen uns oft wie Sterbende: Es geht etwas zu Ende, zum Beispiel eine Beziehung oder ein Arbeitsverhältnis, das wir als gescheitert erleben. Diesen Moment des Abschieds gilt es, bewusst zu erleben und zu betrauern.

Wir werden auch nicht ans Kreuz genagelt, aber vielleicht kennen wir die Situation, vorgeführt oder verachtet zu werden, darunter zu leiden, dass wir missverstanden werden. Wenn unsere Träume, Pläne und Ziele, unsere Vorstellungen vom eigenen Leben zerbrechen, dann sind wir genau so verzweifelt wie Jesus am Kreuz. Er schreit zu seinem Vater: »Mein Gott, warum hast du mich verlassen?« Gleichzeitig verspricht er dem Gekreuzigten zu seiner Rechten, dass sie heute noch gemeinsam im Himmelreich sein werden. Beides ist da: das Gefühl der Verlassenheit und die Ahnung der Gottesnähe.

Diese ambivalente Erfahrung kennen wir vielleicht auch: Wenn wir nicht mehr tiefer fallen können und es nicht mehr schlimmer kommen kann, dann sind wir einerseits verzweifelt und fragen, wo in all dem Gott ist. Andererseits ahnen wir vielleicht, dass von diesem Punkt aus etwas völlig Neues geschehen kann. Wenn wir in dieser Situation so wie Jesus in Kontakt mit Gott bleiben, können wir uns bewusst Gott überlassen. Dann stirbt zwar etwas und das ist mit großen Schmerzen verbunden, aber dieses Sterben ist ein Loslassen in etwas Größeres hinein.

Je älter wir werden, desto mehr müssen wir loslassen. Dieses Loslassen will gelernt sein und geübt werden. Menschen, die diese Kunst beherrschen, strahlen häufig eine innere Freiheit und Unabhängigkeit aus. Sie können auch am Ende ihres Lebens leichter loslassen und sterben. Angelus Silesius, ein Theologe des 17. Jahrhunderts, formuliert es so: »Wer nicht stirbt, bevor er stirbt, verdirbt, wenn er stirbt.«

Meditation zur 3. Station:
Ich bin verzweifelt und doch voller Vertrauen

Das irdische Leben Jesu ist zu Ende. Der Kampf mit dem Tod ist vorbei. Jesus geht hinüber in eine andere Welt. Er geht den Weg, den wir alle gehen müssen.

Ich stehe vor dem Kreuz und denke
an alles Leid dieser Welt und meines Lebens,
an alle Schmerzen und Tränen,
alle Bosheit und Gleichgültigkeit,
an alle Opfer und Täter ...
Alles ist im Todesschrei Jesu zusammengefasst.
Und ich glaube an die Kraft der Liebe Gottes,
die alles zu heilen vermag.

Station 4:
Das leere Grab – die Auferstehung

Was ist da im Grab Jesu geschehen? Wie hat sich die Auferstehung ereignet? Das ist bis heute ein Geheimnis, etwas, das nicht erklärbar ist, jedenfalls nicht mit unseren intellektuellen Fähigkeiten. Doch gibt es Hinweise und immer neue Interpretationen, die uns diesem Ereignis näherbringen. Wir möchten im Folgenden unsere eigenen Gedanken zur Auferstehung verdeutlichen.

Das Grab ist leer, jedenfalls liegt dort nicht mehr der Körper des verstorbenen Jesus. Was Maria Magdalena und dann die anderen Jüngerinnen und Jünger entdecken, ist das Tuch, in das der Leichnam Jesu am Karfreitag eingewickelt worden war, und ein bzw. zwei Engel. Ansonsten ist das Grab leer.

Die Frage, die Menschen seit zwei Jahrtausenden begleitet hat, lautet: Warum ist das Grab leer? Wo ist der Körper des Jesus von Nazaret? Gegenfrage: Was hätte das bedeutet, wenn der Köper Jesu quasi vor den Augen der Jünger aus den Grab gestiegen wäre? Wenn Jesus keine Wunden mehr gehabt hätte, keine Schmerzen? Vermutlich hätten dann die Augenzeugen dieses Ereignisses gesagt: »Das kann dann wohl nicht ganz so schlimm gewesen sein«. Man hätte den Tod Jesu bezweifelt, es hätte keine Verwandlung stattgefunden.

Nun ist das Grab aber leer. Das macht den Jüngerinnen und Jüngern zunächst einmal Angst. Denn sie spüren, hier geschieht etwas Unerwartetes, etwas Überraschendes, etwas, das nicht erklärt werden kann. Sie laufen deshalb davon. Doch dann zieht es sie zurück zum Grab und sie entdecken, dass die Leere darin gar nicht so leer ist. Da ist noch etwas, das sie nicht sehen können, das aber da ist, real ist.

Im Johannesevangelium heißt es, dass bei Maria der »Gärtner« steht. Maria erkennt zunächst nicht, was das bedeutet. Heute herrscht in der neutestamentlichen Forschung offenkundig Konsens darüber, dass es sich hier um eine schöpfungstheologische Aussage handelt, das heißt, die Auferstehung Jesu und die Erschaffung des Menschen im Paradiesgarten Eden gehören eng zusammen. Da geschieht jeweils etwas Neues, etwas, das noch nie da gewesen ist. Die Schöpfung ist also nicht abgeschlossen, sie geht weiter. *Creatio continua* heißt es im Lateinischen. Der große Theologe Augustinus prägte diesen Begriff. Könnte es sein, dass die Auferstehung Jesu darauf hinweist, dass der Mensch sich in einer neuen Entwicklungsstufe befindet? Dass sich ein neuer Entwicklungsschritt zeigt? Und dass sich das besonders im Umgang mit tiefen seelischen Verletzungen offenbart?

Auferstehung bedeutet: Mit dem Tod ist nicht alles zu Ende. Auferstehungserfahrungen gibt es aber auch schon in diesem Leben. Auferstehung bedeutet dann: Es geht völlig neu weiter, unvergleichlich anders. Die Not, das Leiden und die Verzweiflung haben nicht das letzte Wort. Wir können oft nur staunen, »wie das Leben so spielt«. Viele Menschen berichten, dass sie nach einer großen Krise erst begriffen haben, wer sie selbst sind, was sie brauchen und welche neuen Schritte sie gehen wollen. Biografien, in denen Ungewöhnliches und Unglaubliches passiert – also etwas, das jenseits unserer Vorstellungen liegt –, faszinieren uns, weil wir spüren: Vieles können wir nicht machen, sondern es geschieht einfach. Oft finden Menschen nach einer unerfüllten Ehe und Scheidung die große Liebe ihres Lebens. Andere wiederum sind überrascht, dass sie sich nach dem Tod des geliebten Ehepartners neu verlieben können. Manche Menschen verlieren ihre Arbeit und haben den Mut, etwas Neues auszuprobieren. Und dann stellen sie fest, dass diese neue Tätigkeit sie viel stärker erfüllt.

Es ist interessant, dass Jesus nicht unmittelbar nach seinem Tod wieder auferstanden ist, sondern erst am dritten Tag. Es gab eine Phase des Innehaltens, des Aushaltens, eine Zeit, in der es nichts zu tun gab, sondern in der es um das Akzeptieren des Geschehenen ging. Offensichtlich ist das wichtig. Auch wir brauchen diese Zeit. Wir hätten gerne, dass es uns schlagartig besser geht, dass sich unser Leiden sofort verwandelt und alles wieder gut ist. Wir brauchen aber eine Zeit der Verarbeitung, vielleicht auch, weil wir sonst nichts aus dem Vorgefallenen lernen würden. Heilung braucht in der Regel Zeit. Spontanheilungen sind die Ausnahme.

Auferstehung wird deutlich, wenn sich die negativen Gefühle von Trauer und Schmerz unmerklich verwandeln und wir ab und zu wieder Lebensfreude verspüren. Wir kennen das schöne Gefühl, wenn nach einer körperlichen Verletzung oder Erkrankung der Schmerz nachlässt und die Heilung sichtbar und spürbar wird. So kann auch auf der seelischen Ebene der Schmerz nachlassen und wir Energie und vielleicht sogar Lust verspüren, etwas anzufangen, uns auf etwas Neues einzulassen, aufzustehen! Wie nach einer gut überstandenen Krankheit fühlen wir uns gestärkt und gewappnet.

Oft spüren wir ganz deutlich: Ich bin nicht mehr der oder die, die ich vorher war, in mir hat sich etwas verwandelt. Gott verspricht uns, dass wir unser Leben gewinnen werden, wenn wir glauben, es verloren zu haben. Verlusterfahrungen, Sterben und Niederlagen können uns zu neuer Lebensfülle führen. Im Vertrauen auf diese

Verheißung Gottes können wir lernen, unser Schicksal mit allen Tiefen und Höhen neu anzunehmen. Die Auferstehung Jesu gibt uns die Hoffnung dazu. Sie fordert uns auf, ein neues Bewusstsein zu entwickeln, weiter und größer zu denken, die Botschaft Jesu umzusetzen.

Richard Rohr bezeichnet Jesus oft als »non dual thinker«, also als einen Weisheitslehrer, der nicht schwarzweiß denkt. Der nicht sagt: Das ist richtig und das ist falsch. Einer seiner brillantesten Sätze lautet: »Liebet eure Feinde!« Dass wir unsere Freunde lieben, die Menschen, die zu uns gehören, das ist nachzuvollziehen. Aber unsere Feinde lieben?

Jesus konnte das offenkundig und das damit verbundene non-duale Denken ist vielleicht die wichtigste Botschaft des Mannes aus Nazaret. Nach seinem Tod am Kreuz und seiner Auferstehung wurde das erst langsam den Jüngern, also seinen engsten Mitstreitern und später allen Menschen deutlich: Seine Feinde zu lieben ist ein Schlüssel zum Himmelreich. Bis heute macht uns dieser Satz zu schaffen. Die Feinde sind die Kräfte, die uns verletzen, die verantwortlich sind für das Scheitern einer Beziehung, die unseren Körper zerstören, die Hass und Zwietracht zwischen uns und andere Menschen säen. Wie kann ich diese Feinde lieben? Eine Möglichkeit scheint das Meditieren zu sein. In die Stille gehen, nichts tun.

Warum meditieren heute so viele Menschen, sitzen in der Stille, nehmen an Schweigeseminaren teil? Könnte es sein, dass sie wie die Jüngerinnen und Jünger am Grab Jesu spüren: Die Stille ist nicht still, die Leere ist nicht leer? Als wir vor 20 Jahren anfingen, an Schweigeseminaren teilzunehmen, war uns das zunächst fremd. Wir wussten nicht, wie wir ohne Worte kommunizieren sollten. Doch recht schnell merkten wir, dass Schweigen eine ganz andere Kraft entfaltet, die Aufmerksamkeit nach innen gerichtet ist. Manchmal passiert dann etwas ganz Besonderes.

Bei einem Besuch in Israel hatte ich die Gelegenheit, kurz vor dem Ende der Öffnungszeit in die Grabeskirche in Jerusalem zu kommen. Das Gebäude ist ein Konglomerat an kleinen Kapellchen und Gebetsgrotten. Ganz unten kommt man an eine der Stellen, wo das Felsengrab Jesu vermutet wird. Ich kam in die Gruft, alleine, ohne andere Besucher oder Wärter, und war offensichtlich der Letzte, der noch »reingerutscht« war. Diese fünf Minuten, die ich dort ungestört in Stille meditierte, haben mich innerlich tief berührt. Ich spürte auf einmal ein ganz beglückendes Gefühl. Eine Stimme, die mir sagte: Es wird alles gut. Als ich wieder ans Tageslicht kam in das Gewusel der Jerusalemer Altstadt, musste ich unwillkürlich an unsere Meditationslehrerin Swaantje Reimpell denken. Sie war als Halbjüdin während der Nazizeit ständig in Gefahr gewesen, verhaftet zu werden. Sie hat uns erzählt, dass sie nur mithilfe der Meditation überlebt hatte und einen inneren »Weg der Freude« gegangen ist: Keine Gedanken an Rache, an Wut, an Vergeltung. Diese negativen Gedanken bringen keine Heilung, sondern reißen Wunden auf. Aber wenn wir unsere Feinde lieben lernen ...

Ich war sehr glücklich, als wir an diesem Abend zurückkamen in unser Hotel in Jerusalem, denn ich hatte etwas gespürt von der hellen frohen Botschaft, die uns helfen kann, in den vielen Auseinandersetzungen und Katastrophen dieser Zeit die richtigen und guten Schritte zu gehen. Wenn es eine Botschaft gibt, die die verfahrene politische Situation in Israel und Palästina lösen kann, ist es dieser Satz Jesu: »Liebet eure Feinde!«

Meditation zur 4. Station:
Ich stehe auf - das Ende ist mein Anfang

Das Grab ist leer. Die Jüngerinnen und Jünger sind verwirrt.
Jesus ist tot – oder? Ein Engel erscheint und ruft: »Er ist nicht
hier, denn er ist auferstanden, wie er gesagt hat.«

Ich denke an die Erfahrungen in meinem Leben,
bei denen ich gespürt habe:
Es geht weiter,
es kommt etwas Neues,
es ist nicht alles tot.
Frühlingsgefühle,
Lebendigkeit,
neuer Anfang,
Heilung ...

Eines der schönsten Auferstehungslieder stammt vom Berliner Sänger Rio Reiser:

Land in Sicht

Land in Sicht, singt der Wind in mein Herz.
Die lange Reise ist vorbei.
Morgenlicht weckt meine Seele auf.
Ich lebe wieder und bin frei.

Und die Tränen von gestern wird die Sonne trocknen,
die Spuren der Verzweiflung wird der Wind verweh'n.
Die durstigen Lippen wird der Regen trösten
und die längst verlor'n Geglaubten
werden von den Toten aufersteh'n.

Ich seh die Wälder meiner Sehnsucht,
den weiten sonnengelben Strand.
Der Himmel leuchtet wie Unendlichkeit,
die bösen Träume sind verbannt.

Und die Tränen von gestern wird die Sonne trocknen,
die Spuren der Verzweiflung wird der Wind verweh'n.
Die durstigen Lippen wird der Regen trösten
und die längst verlor'n Geglaubten
werden von den Toten aufersteh'n.

Abdruck mit freundlicher Genehmigung
des Rio Reiser Archivs in Berlin

Warum kann also nun der Kreuzweg Jesu hilfreich sein für die Bewältigung meiner Verletzungen? Weil dieser Weg die Höhen und Tiefen meines Lebens so abbildet, dass ich mich darin wiederfinden kann. Weil ich mich mit meinen tiefsten seelischen Verletzungen verstanden wissen kann. Millionen Menschen sind diesen Weg schon vor mir gegangen. Weil Jesus innere Kraftquellen entdeckt, die auch mir helfen können. Und weil am Ende nicht das Nichts steht, sondern die große Liebe als Kraft, die den Kosmos zusammenhält.

Am Ende dieses Kapitels möchten wir Sie zu einer kleinen Übung einladen, um der Transformationskraft des Kreuzweges auf die Spur zu kommen.

Übung

Betrachten Sie die einzelnen Stationen einmal genauer als Spiegel für Ihre eigene Situation.
Nehmen Sie sich dazu bewusst viel Zeit.
Lassen Sie die Texte und die Bilder der beigelegten Karte auf sich wirken.

Welche Station berührt Sie persönlich am meisten?
Wo erkennen Sie sich wieder?

Schreiben Sie Ihre Gedanken auf. Suchen Sie nach dem, was Ihnen Mut macht und Kraft gibt, Ihren eigenen Kreuzweg zu gehen.

Meine inneren Kraftquellen

Im Folgenden möchten wir Quellen der Kraft vorstellen, die unserer Erfahrung nach hilfreich sein können, schmerzliche Gefühle zu lindern oder aber unumgängliche Verletzungen anzunehmen und auszuhalten.

Heilsame Aspekte eines offenen Gespräches

»Geteiltes Leid ist halbes Leid«, so lautet ein altes Sprichwort, und wahrscheinlich hat jeder von uns schon einmal erlebt, wie gut es tut, sich mitteilen zu können. Wenn ich mich mitteile, dann gebe ich etwas ab, Gedanken und Gefühle, die mich belasten, bleiben nicht bei mir, ein anderer trägt mit, ich bin nicht alleine damit.

Ein solches Gespräch ist dann wohltuend, wenn der andere – meist ja eine vertraute Person, eine gute Freundin, ein Freund – bereit ist, sich für mich zu öffnen, mir mit ungeteilter Aufmerksamkeit zuhört und anschließend darauf eingeht.

In einem solchen Gespräch erfahre ich Anteilnahme, Zuwendung und Mitgefühl, alles Aspekte von Geliebtsein. Diese Liebe gibt mir Kraft, eine innere Stärke, schmerzliche Gefühle besser zu ertragen.

Wenn ich von meinen Problemen erzähle, ermutigt dies mein Gegenüber, auch von seinen Verletzungen zu sprechen. Es ist sehr tröstlich, festzustellen, dass jeder eine Last zu tragen hat, mal größer, mal kleiner. Wie gut ist es, sich dabei zu unterstützen und füreinander da zu sein.

Oft relativieren sich meine Verletzungen im Gespräch mit dem anderen, wenn ich erfahre, wie groß sein Leid ist. Dann schrumpft mein Verletztsein etwas oder ich kann es zumindest leichter annehmen.

Es gibt Menschen, die immer »gut drauf« sind, nur von Erfolgen berichten und nie über Schwächen und Verletzungen sprechen, sodass der Eindruck entsteht, es handele sich um Glückspilze, die von allen Schwierigkeiten verschont blieben. Wir mögen solche Menschen bewundern, vielleicht sogar beneiden, aber wirkliche Nähe zu ihnen entsteht nicht. Es ist also gut und förderlich, die Möglichkeit zu haben, offen und ehrlich über Verletzungen zu sprechen.

Es gibt allerdings auch Menschen, die gar nicht mehr aufhören, von ihren Problemen und Verletzungen zu sprechen. Das überfordert den Zuhörer und viele ziehen sich dann zurück. In Kommunikationstrainings spricht man von Sprecher- und Zuhörerrolle. Gute Gespräche zeichnen sich dadurch aus, dass ich wechselseitig beide Rollen einnehme und ein Gespür dafür entwickle, wie viel Zeit ich in welcher Rolle sein sollte. Manchmal ist es ratsam, den zeitlichen Umfang eines Gespräches vorab festzulegen.

Gute Gespräche können uns positiv verwandeln. Mir gefällt das Wort »Beziehungsraum«: In einem wohlwollenden Gespräch entsteht ein Raum, in dem etwas geschieht, sich etwas verwandeln kann. Durch verbale, aber auch nonverbale Kommunikation kann etwas Neues entstehen. Ein Wort, eine Geste, ein Lächeln kann besonders berührend sein und eine positive, befreiende

Kraft zur Entfaltung bringen. Neue Impulse können Mut machen, meine Situation anzunehmen.

In unseren Kursen erleben wir oft, dass Menschen sich gerade dann öffnen können, wenn ihr Gegenüber nicht zum vertrauten Freundeskreis gehört, sondern neutral, von außen die Situation betrachtet. Offensichtlich ist es in dem Moment möglich, unbefangener zu erzählen, und unser Gegenüber (im Zweiergespräch oder in einer Kleingruppe) kann ganz unvoreingenommen auf das Erzählte reagieren.

Es ist also hilfreich, sich Gesprächsangebote zu suchen, die außerhalb des vertrauten Beziehungsnetzes liegen. Das kann eine einzelne Person sein (Seelsorger, Begleiter, Therapeut) oder ein Gesprächskreis, in dem eine wertschätzende und anteilnehmende Atmosphäre herrscht. In fast allen Städten gibt es inzwischen sogenannte GfK-Gruppen, die sich nach dem Prinzip der gewaltfreien Kommunikation über persönliche Probleme konstruktiv austauschen. Aber auch in kirchlichen Einrichtungen oder Bildungswerken sind oft gute Angebote zu finden. Ziel ist es, den heilsamen Aspekt des Mitteilens zu erleben und sich gestärkt, getröstet und wertgeschätzt zu fühlen.

Wenn ich keinen Gesprächspartner finde, kann ich das, was ich sagen möchte, auch aufschreiben. Allein das Formulieren, vielleicht in Form eines Briefes (an einen imaginären Freund oder auch an Gott) kann Klarheit schaffen. Oft kommen während des Schreibens Erkenntnisse, die man allein im gedanklichen Reflektieren nicht gehabt hätte. Erst durch das Ausdrücken wird etwas bewusst. Was einen im Inneren bewegt, wird in Worte gefasst und kann entlastend wirken. So ist das Schreiben auch eine Form des Mitteilens, die heilend wirken kann.

Übung

Auch wenn Ihnen das Schreiben bisher fremd war, versuchen Sie es einmal! Sehen Sie es als ein Experiment an mit der Chance auf eine wertvolle Erfahrung.

Überlegen Sie zunächst einmal, wem Sie schreiben möchten – einem imaginären Freund, einer Freundin oder einfach einem anonymen Menschen? Vielleicht aber auch Ihrem Schutzengel oder eventuell möchten Sie sich direkt an Gott wenden? Oder Sie schreiben an sich selbst, wie dies bei einem Tagebuch der Fall ist.

Fragen Sie sich, ob Sie Briefe schreiben wollen, also einzelne Bögen Briefpapier benutzen möchten, die sie dann, mit Datum versehen, in einen Umschlag stecken und in eine schöne Box legen. Vielleicht möchten Sie auch lieber eine Kladde nehmen, in die Sie bei Bedarf schreiben und die sich dann allmählich füllt. Es kann aber auch sein, dass Sie etwas aufschreiben möchten, das Sie anschließend vernichten wollen, da es für niemanden bestimmt ist, Sie es im Sinne von Loslassen entfernen möchten, d. h. tatsächlich in die Ferne schicken: Sie können aus dem beschriebenen Blatt ein Schiff falten und es dann auf irgendein Gewässer setzen und ziehen lassen. Oder Sie verbrennen Ihren Schreibbogen an einem für Sie geeigneten Ort. Spüren Sie nach, was für Sie stimmt!

Natürlich können Sie auch Ihren Brief als Datei abspeichern und einen speziellen Tagebuch- oder Briefordner anlegen.

Überlegen Sie sich, wo Sie sich während des Schreibens aufhalten möchten – in den eigenen vier Wänden oder tut eher Abstand gut? Vielleicht haben Sie ein Lieblingscafé oder sitzen gerne in einer Bibliothek? Die Atmosphäre beim Schreiben ist wichtig, sie sollten sich wohlfühlen, ungestört sein und Zeit haben.

Wenn Sie über einen längeren Zeitraum schreiben, können Sie aus einem Abstand heraus nachlesen, was Sie vor einem oder einem halben Jahr aufgeschrieben haben. Gibt es eine Entwicklung, einen »roten Faden«? Haben Sie schreibend etwas gelernt, eine Erkenntnis gewonnen, ein Problem gelöst?

Setzen Sie sich nicht unter Druck, dass etwas »Sinnvolles« herauskommen muss. Der Wert des Schreibens liegt im Schreiben an sich, im Ausdrücken und Formulieren von inneren Befindlichkeiten und Prozessen. Beim Schreiben nimmt man Kontakt zu sich selbst auf, ist man sich nahe. Darum geht es. Wenn Sie als »Nebeneffekt« wichtige Einsichten gewonnen haben, umso besser!

Ich selbst (UPF) schreibe seit vielen Jahren Tagebuch, die Kladden stapeln sich im Schrank. Wenn ich schreibe, ordnet sich etwas auf wohltuende Weise in mir. Wenn ich davon ausgehe, dass es in mir einen göttlichen Kern gibt, dann gibt es auch eine Weisheit in mir, eine innere Stimme, die Antworten auf meine Fragen hat. Diese innere Stimme ist leise, und es braucht die Stille, um diese Stimme zu hören. An einem ruhigen Ort – ich habe meine Lieblingscafés – kommt diese Stimme zur Sprache bzw. wird zu Papier gebracht. So erlebe ich das Schreiben als heilsame Erfahrung.

Kraftquelle Vergebung

Zu den tiefsten Verletzungen gehören Beziehungswunden. Wir sind gekränkt, enttäuscht, fühlen uns durch den anderen abgewertet oder vernachlässigt. Der andere hat die Verletzung ausgelöst und trägt in unseren Augen die Schuld für meine negativen Gefühle. Da fällt Vergebung schwer und kann nur am Ende eines Prozesses in der Auseinandersetzung mit der Verletzung stehen. Dieser letzte Schritt ist aber wichtig, um wieder in die eigene Kraft zu kommen. Solange das Gefühl, verletzt zu sein, Macht über mich hat und ich in einer anklagenden, unversöhnlichen Haltung verharre, bleibe ich im wahrsten Sinne des Wortes nachtragend, bin ich unfrei und gebunden an die Person, die mich verletzt hat.

Wie kann aber Vergebung gelingen? Zunächst bedeutet Vergebung nicht, meine verletzten Gefühle zu leugnen. Sie sind eine Realität und somit wahr. Es geht auch nicht darum, das Verhalten des anderen gutzuheißen, es bleibt in meinen Augen verletzend.

Worum es geht, ist eine Änderung meiner inneren Haltung zum Vorfall. »Mensch sein bedeutet, auch immer anders zu können!«, so Viktor Frankl, der Begründer der Logotherapie.

Vergebung kann nur gelingen, nur dann echt und ehrlich sein, wenn ich dem anderen auf Augenhöhe begegne. Solange ich in meinem Bewusstsein der Überlegene bin und der andere wegen seines Verhaltens »der Böse« bleibt und deshalb unterlegen ist, besteht ein Beziehungsgefälle. Voraussetzung für Vergebung ist die

Überwindung dieses Gefälles. Es geht darum zu erkennen, dass wir als Menschen unter bestimmten Umständen zu allem fähig sind – und zwar jeder Mensch, also auch man selbst! Das bedeutet, dass wir alle auf Vergebung angewiesen sind, immer wieder. Wenn wir alles aufrechnen, was Menschen falsch machen, wo sie versagen, eine Schwäche zeigen und damit andere verletzen, entsteht eine strenge und unbarmherzige Atmosphäre, die von Angst geprägt ist.

Vergebung hat unserer Ansicht nach vier Perspektiven, die sich anzuschauen lohnen: Ich vergebe mir; ich vergebe dem anderen; der andere vergibt mir; ich bitte Gott um Vergebung.

Ich vergebe mir

Zunächst geht es darum zu verstehen, warum es so schwierig ist, mir selbst zu vergeben. Oft können wir *anderen* nicht vergeben, weil wir uns selbst nicht verzeihen können. Wir haben jemanden verletzt oder generell etwas falsch gemacht und kommen nicht darüber hinweg. Deshalb ist es sinnvoll zu fragen: Wie stehe ich zu mir? Gibt es einen »inneren Kritiker«, der unverzeihlich mit mir umgeht? Wenn wir hart und streng mit uns selbst sind, kann das sehr quälend und selbstzerstörerisch sein, vor allem, wenn Fehler nicht wiedergutzumachen sind. So erkennt zum Beispiel eine Mutter, dass sie sich, als ihr Sohn Kind war, zu wenig um ihn gekümmert hat, da sie arbeiten musste und er schon früh von anderen Personen versorgt werden musste. Der Sohn, inzwischen erwachsen, wirft der Mutter vor, unter mangelnder Liebe gelitten zu haben und die Konsequenzen der Defizite heute noch zu spüren. Die Mutter kann die Zeit nicht mehr zurückdrehen, sie hat keine zweite Chance, da der Sohn nun erwachsen ist. Sie leidet, weil sie sich ihre Fehler von damals nicht verzeihen kann.

Es gibt noch eine besondere Form, sich selbst nicht vergeben zu können: *Ich* werde verletzt und verstärke diese Verletzung, indem ich mich abwerte und den »Täter« in Schutz nehme. Ein Beispiel hierzu: Jemand beendet sang und klanglos die Beziehung. Ich bin verletzt und mildere das Verhalten des anderen ab, indem ich mir sage: »Ich habe es nicht anders verdient, ich bin es eben nicht wert, dass man mit mir in Beziehung bleibt. Ich bin nicht so attraktiv, interessant, gebildet oder was auch immer. Ich hätte mich in der Beziehung mehr anstrengen müssen, geliebt zu werden!« In beiden Bespielen kommt eine Strenge mir selbst gegenüber zutage, in Verbindung mit einem mangelnden Selbstwertgefühl.

Wie kommt eine solch strenge Haltung zu sich selbst zustande? Hilfreich ist es, sich mit den eigenen Glaubenssätzen zu beschäftigen, das heißt, mir zu überlegen: Welche Werte habe ich von zu Hause mitbekommen? Was war wichtig? Welche Überzeugungen wurden mit als Kind übermittelt?

Man spricht in diesem Fall vom »Familienmotto«. Damit ist ein Satz, eine Aussage gemeint, die ausgesprochen oder unausgesprochen über der Haustür hätte stehen können. Wenn das Familienmotto zum Bespiel lautet: »Von nichts kommt nichts«, so bedeutet dies: Du bekommst nichts geschenkt im Leben, das Leben ist anstrengend. In dem Wort »anstrengend« steckt das Wort »Strenge«. Das Familienmotto besagt, dass ich für alles selbst verantwortlich bin. Es bedeutet auch, dass ich hart mit mir selbst ins Gericht gehe, wenn etwas falschläuft. Hätte ich aufgepasst und mich mehr angestrengt, wären Fehler nicht passiert. In Bezug auf das Thema Vergebung heißt das: Wenn ich jemanden verletzt habe und ich dies als meine Schuld ansehe, ist dies schwer zu verzeihen. Es kann sogar so weit kommen, dass ich stärker leide als die Person, die ich verletzt habe. Oft ist die Strenge gepaart mit einem starken Gerechtigkeitsempfinden. Dann fällt es besonders schwer, sich selbst zu vergeben, weil man glaubt, es nicht verdient zu haben, sondern für seine Fehler und seine Schwächen büßen zu müssen.

Übung

Versetzen Sie sich in Ihre Kindheit. Welches Familienmotto gab es bei Ihnen? Welcher Satz hätte über Ihrer Haustür stehen können? Ist es ein schwieriger Satz, der Vergebung schwer möglich macht, oder ist es ein positiver, mutmachender Satz, der Spielraum für Vergebung lässt?

Es geht nicht darum, diese Sätze zu bewerten, sondern die Konsequenzen zu verstehen, die sich daraus für Sie ergeben haben. Es gab und gibt gute Gründe für ein Familienmotto. Unsere Eltern und Großeltern sind geprägt von ihrer Zeit. In der Nachkriegszeit musste aufgebaut, geleistet und geschafft werden. Deshalb entstanden Glaubenssätze, Überzeugungen, die oft von Härte geprägt sind. Das ist verständlich. Uns steht es aber frei, neue Glaubenssätze zu verinnerlichen. Ich kann mich von alten Überzeugungen verabschieden. Das fällt schwer, da solche Prägungen aus der Kindheit tief sitzen, es ist aber trotzdem möglich! Gut ist es, dem etwas entgegenzusetzen, einen neuen Satz zu finden, eine neue Maxime, die für mich Bedeutung hat.

- Formulieren Sie also einen markanten Satz, nach dem Sie leben wollen.
- Was ist Ihnen wichtig?
- Nach welchen Werten wollen Sie leben?
- Was würden Sie Ihren Kindern gerne mit auf den Weg geben?

Wenn wir ein Lebensmotto für uns entwickeln und verinnerlichen, das uns stärkt und einen barmherzigen Umgang mit uns selbst zulässt, dann übernehmen wir einerseits Verantwortung für unser Handeln, anderseits ist es uns aber möglich, uns selbst zu vergeben. Wir dürfen Fehler machen! Wenn wir jemanden verletzt haben, dann tut uns das leid, aber im Bewusstsein: Es ist ok, nicht perfekt zu sein, können wir uns verzeihen. Wir versuchen, aus der Situation das Beste zu machen und etwas daraus zu lernen.

Um das oben genannte Beispiel noch einmal aufzugreifen: die Mutter, die keine Zeit für ihr Kind hatte, kann sich verzeihen. Sie erkennt nun den Wert, der darin liegt, Zeit für andere Menschen zu haben, und schenkt sie denen, die ihre Aufmerksamkeit und Zuwendung jetzt brauchen.

Ich vergebe dem anderen

Wenn wir uns vergeben können, fällt es uns auch leichter, anderen zu vergeben, weil uns bewusst ist, wie wichtig Barmherzigkeit ist, dass die Fähigkeit zur Vergebung das Leben menschlicher macht und lebensnotwendig ist. Es macht uns frei, weil wir den Blick wieder nach vorne richten können – das Leben geht weiter. Die Energie, die durch Trauer und Wut gebunden war, kann genutzt werden für neue Aufgaben.

Vergebung fällt leichter, wenn wir die Hintergründe, die zur Verletzung geführt haben, verstehen. Darum geht es in diesem Buch. Aber auch, wenn wir nicht alles verstehen, Zusammenhänge unklar bleiben, können wir uns entscheiden zu vergeben, einen Schlussstrich zu ziehen. Wir haben die Freiheit, dies zu tun.

Darin liegt vielleicht sogar die eigentliche Größe der Vergebung begründet: dass wir die Hintergründe nicht verstehen, aber trotzdem aus einem weiten Herzen heraus vergeben können. Indem wir uns dazu entschließen, werden wir zum Gestalter der Situation und bleiben nicht in der Opferrolle.

Natürlich fällt es uns leichter, wenn der andere bereut, was er getan hat, aber selbst wenn das nicht der Fall ist, können wir beschließen, uns nicht weiter damit zu belasten. Indem wir vergeben, tun wir uns etwas Gutes, unabhängig von der Reaktion des anderen.

Im oben genannten Beispiel kann der Sohn entscheiden, der Mutter zu vergeben. Indem er sich von den Vorwürfen, die er der Mutter gemacht hat, löst, entsteht Freiraum und Energie, sich auf das zu konzentrieren, was in der Gegenwart ansteht und Aufmerksamkeit verlangt. Er fühlt sich nicht länger als Opfer, sondern übernimmt Verantwortung für sein Leben.

Der andere vergibt mir

Vergebung ist ein Geschenk, das wir nicht einfordern können. Wenn wir aber auf diese Weise beschenkt werden, macht uns das innerlich frei und dankbar. Wir fühlen uns nicht mehr klein und schuldig, sondern erleben etwas, das für Beziehungen sehr kostbar ist: Wir sind angenommen mit unseren Fehlern und Schwächen.

Im oben genannten Beispiel wäre die Mutter befreit von den Anschuldigungen des Sohnes und könnte nun ihrerseits die Beziehung neu und achtsam gestalten.

Ich bitte Gott um Vergebung

Es kann sein, dass wir so sehr verletzt worden sind, dass wir dem anderen nicht vergeben können. Wenn die Bitterkeit, die Wut oder Trauer so groß sind, dann können wir Gott um Vergebung bitten, dass wir (noch) nicht bereit sind zu verzeihen. Wir können versuchen, die Verletzung, die wir erlitten haben, an Gott abzugeben (siehe auch S. 51, Die Delegation). Wir können Gott generell um Vergebung bitten für all das Leid, das wir untereinander anrichten, wo wir verletzen und verletzt werden und dadurch Unfrieden säen.

Wenn wir uns selbst schuldig fühlen, dann bitten wir Gott ganz konkret, dass er uns diese Schuld vergibt. Oft sind wir strenger mit uns als Gott es ist. Wenn wir zutiefst etwas bereuen, dann können wir um die Gewissheit bitten, dass uns vergeben ist und wir von unserer Schuld, die uns drückt und lähmt, befreit sind. Gott ist ein Gott der Liebe und der Barmherzigkeit. Wenn wir das glauben, dann können wir innerlich Kraft schöpfen. Wir können uns neu ausrichten und zuversichtlich Schritte gehen, vielleicht jetzt mit einer achtsameren Haltung.

Ein Blick in die Bibel

Im neuen Testament finden wir eine Fülle von Geschichten und Gleichnissen, in denen es um Vergebung geht. Das scheint *die* große Botschaft Jesu zu sein, immer wieder zu vergeben! Wenn Jesus selbst am Kreuz noch betet: »Vater, vergib ihnen, denn sie wissen nicht, was sie tun«, so wird deutlich, dass es ein zentrales Thema seiner Botschaft ist.

Jesus zeigt uns einen ganz eigenen Umgang mit schuldig gewordenen Menschen. In der Geschichte von der Ehebrecherin, die ihm vorgeführt wird, fordert er die Ankläger auf: »Wer von euch ohne Sünde ist, werfe den ersten Stein!« Alle gehen davon. Anschließend spricht er zu der Frau: »Sündige fortan nicht mehr!« Jesus geht nicht über das Unrecht der Frau hinweg, aber statt sie zu verurteilen, motiviert er sie, sich zu ändern (Johannes 8, 7–11).

Eine vielzitierte und bekannte Geschichte ist das Gleichnis vom verlorenen Sohn, oder anders formuliert: die Geschichte vom barmherzigen Vater. Der jüngere Sohn zieht in die Ferne, verprasst sein Erbe und kommt reumütig nach Hause zurück. Der Vater feiert ein Fest, freut sich, dass der Sohn zurückgekehrt ist. Er vergibt dem Sohn – und der Sohn lässt sich vergeben. Das ist wirklich ein Grund zum Feiern! Es gibt in dieser Geschichte aber auch den älteren Sohn, der nicht verzeiht, der es ungerecht findet, dem zurückgekommenen Sohn so viel Aufmerksamkeit zu schenken. Er fühlt sich zurückgesetzt und verletzt. Hier wird deutlich, dass nicht nur die unmittelbar betroffenen Personen involviert sind, sondern ein ganzes Umfeld reagiert. Das erleben wir auch in unserem Alltag. Wenn wir vergeben oder uns vergeben wird, so hat das Auswirkungen auf das ganze Beziehungssystem. Im erwähnten Beispiel könnte das so aussehen: Vergibt der Sohn der Mutter, so fühlt sich vielleicht die Schwester, die ebenfalls die Mutter beschuldigt hatte, nun vom Bruder verraten. Der ehemals Verbündete wird »abtrünnig«. Dies zeigt, wie komplex und weitreichend Vergebung sein kann.

In dem Gebet, das uns Jesus gelehrt hat, dem »Vaterunser«, wird deutlich, wie wichtig Vergebung ist: »Und vergib uns unsere Schuld, wie auch wir vergeben unseren Schuldigern«. Wir sind auf Vergebung angewiesen. Das scheint so wichtig zu sein wie die Bitte um das tägliche Brot, an die sich die Bitte um Vergebung unmittelbar anschließt.

Abschließend die Geschichte, in der Jesus uns zeigt, wie verzerrt unsere Wahrnehmung oft ist. Er fordert uns auf, nicht zu richten, weil wir den Balken im eigenen Auge nicht erkennen, aber den Splitter im Auge des anderen sehen (Matthäus 7,1–5). Oft nehmen wir unsere eigenen Fehler kaum wahr, sehen aber die kleinen Schwächen des anderen übergroß.

Wenn wir nun erkennen, dass unsere Wahrnehmung nicht objektiv ist, dass wir wie alle Menschen blinde Flecken haben, dann sollten wir unser vorschnelles Urteilen und unsere Selbstgerechtigkeit hinterfragen. Wenn uns außerdem bewusst ist, dass Schwächen und Fehler zum Menschensein gehören und wir alle davon betroffen sind, dann sind wir dem befreienden Schritt, uns selbst und anderen zu vergeben, ein deutliches Stück näher gerückt.

Vielleicht ist Vergebung deshalb so wichtig, weil sich etwas Neues entwickeln kann, weil wir nicht in unseren Verletzungen verstrickt und verhaftet bleiben, sondern auf einer reiferen und bewussteren Stufe unser Leben meistern können. Jesus verheißt uns: »Das Himmelreich ist mitten unter euch.« Er vertröstet uns nicht auf das Jenseits, indem endlich alles gut wird, in dem endlich alle Schuld beglichen wird. Damit das im Hier und Jetzt Wirklichkeit werden kann, braucht es immer wieder die Vergebung.

Biblische Symbole der Transformation

»Ein Bild sagt mehr als tausend Worte!« Das gilt tatsächlich. Bilder können unmittelbar unsere Seele ansprechen. Und was die Seele beim Betrachten eines Bildes empfindet, kann so umfassend sein, dass es sehr vieler Worte bedarf.

Weil Bilder eine so starke Wirkung haben, ist die Arbeit mit ihnen besonders eindrücklich. Bilder greifen dann wirklich tief, wenn sie einen symbolischen Charakter haben, wenn sie in unserem Unbewussten etwas ansprechen. Symbole machen etwas bewusst und sind somit die Verbindung von Bewusstem und Unbewusstem. Interessant ist, dass jedes Bild zum Symbol werden kann, es kommt lediglich auf den Betrachter an.

So kann zum Beispiel ein Bild mit Gewitterwolken für den einen nur ein Hinweis auf schlechtes Wetter sein, für einen anderen wird es zum Auslöser für eine niedergeschlagene Stimmung, weil die Wolke all das Dunkle in seinem Leben symbolisiert.

Für den einen ist das Bild eines Sonnenaufgangs wegen der Intensität des Lichtes und der Farben einfach schön, ein anderer sieht darin die Größe Gottes, die sich in der Schöpfung widerspiegelt.

Als kleine Übung

Betrachten Sie einmal eines Ihrer Lieblingsbilder. Vermutlich finden Sie die Farben, die Formen und die Proportionen schön. Wahrscheinlich hat das Bild aber auch eine »tiefere Botschaft« für Sie, Sie spüren, dass Sie berührt werden von etwas, das vielleicht in Worten schwer auszudrücken ist. Das Bild löst etwas aus in Ihnen, spricht Sie an, weil es eine Resonanz in Ihrem Inneren gibt.

Was ist dies? Können Sie es benennen, ausdrücken?

Es ist interessant, dass reale Bilder – zum Beispiel der oben genannte Sonnenaufgang – und zu Papier gebrachte Bilder im Gehirn Gleiches auslösen. Es ist sogar so, dass ein Bild, das ich mir vorstelle, den gleichen Effekt hat. Positive Bilder stimulieren Neuronen, die Wohlbefinden auslösen, negative Bilder das Gegenteil.

Ein persönliches Beispiel: Ziemlich penetrant bestehe ich bei der Hotelreservierung im Urlaub auf einem Zimmer in der obersten Etage. Nur von diesen Zimmern aus gibt es den freien Blick auf das Meer und den Horizont, wo sich beides berührt. Ich habe mich selbst gefragt, warum mir das so wichtig ist. Wenn ich dort auf dem Balkon sitze und diesen Blick genieße, entsteht in mir ein Gefühl von Weite, Unendlichkeit und Ewigkeit, ein Bewusstsein von »alles hat seine Ordnung« im positiven Sinn, alles ist aufgehoben in Gottes Hand. Dieses Bild beruhigt mich, gibt mir einen inneren Frieden. Es geht mir richtig gut, wenn ich dort sitze und dieses Bild in mich aufnehme.

»Die Augen sind das Tor zur Seele«, lautet ein Weisheitsspruch. Schenken Sie Ihren Augen Bilder, die Ihre Seele berühren und Ihnen Kraft, Halt, Trost oder Freude geben, eben das, was Ihnen guttut.

In der Bibel gibt es eine Fülle von Bildern, die unmittelbar unsere Seele ansprechen und einen starken Symbolcharakter haben. Auch hier gilt, dass sie eine Botschaft haben können – in diesem Fall bezogen auf die Bibel –, die besonders intensiv erspürt wird, anders als durch Worte, eindringlicher und mit »Langzeitwirkung«. Bilder vergessen wir oft nicht so schnell wie Worte.

Auch hier gilt wieder: nicht alle Bilder oder Symbole sprechen alle an. Es gilt herauszufinden, welches Bild, welches Symbol berührt Sie? Wir schlagen vier Symbole vor:

Kreuz | Stern | Engel | Maria

Während Sie dies gerade gelesen haben, sind in Ihrem Inneren vermutlich Bilder dazu entstanden. Stellen Sie sich nun die Frage, welches Bild oder Symbol Ihnen am besten gefällt. Welches Bild würde Ihnen bei Verletzungen guttun, Kraft geben, Trost, Halt?

Sie können die Augen schließen, dieses Bild im Inneren nochmals bewusst entstehen lassen und herausfinden, was Sie mit dem Bild assoziieren, wieso es Ihnen guttut, welches positive Gefühl ausgelöst wird.

Wofür steht das Symbol, das Bild?
Wie hilft es Ihnen in Ihrer jetzigen Situation?

Im Folgenden möchten wir Anregungen geben, sich intensiver mit diesen Symbolen auseinanderzusetzten. Vielleicht kommen Sie sich dabei auf die Spur, warum Sie diese Symbole ausgewählt haben. Welche verwandelnde Kraft liegt für Sie in ihnen? Wie können Sie mit diesen Symbolen umgehen?

Kreuz

Das Kreuz ist für viele Menschen das Symbol für das Christentum schlechthin. Manche stößt es ab, da es sie an Leid und Schmerz erinnert. Andere schätzen es, weil sie sich beim Betrachten eines Kreuzes mit der Person Jesu und seinem Leben sehr verbunden fühlen.

Das gleichschenklige Kreuz ist deutlich älter als das christliche Symbol und steht auch in vielen anderen Traditionen für die Schöpfung, für die vier Himmelsrichtungen und für die vier Elemente Erde, Feuer, Wasser und Luft. Das Kreuz steht für die Verbindung zwischen Himmel und Erde durch den vertikalen Balken. Für sämtliche Verbindungen und Vernetzungen auf dieser Erde steht der horizontale Balken.

Das Kreuz des Christentums wird meist mit einem längeren vertikalen Balken dargestellt. Es gibt das Kreuz mit oder ohne Corpus, das heißt, der Darstellung des gekreuzigten Leibs Jesu. Besonders interessant sind Wendekreuze: auf der einen Seite ist ein leidender Jesus dargestellt, auf der anderen Seite der auferstandene Christus mit erhobenen Armen. Hier wird direkt deutlich: Es geht um Verwandlung, der Tod hat nicht das letzte Wort.

Das Kreuz steht nach Richard Rohr für die Vereinigung aller Gegensätze: Jesus war Gott und Mensch zugleich. Das Kreuz fordert uns auf, Widersprüchliches stehen zu lassen, auszuhalten. Das Kreuz ist ein Symbol für den Tod, für Verlust und Leiden. Aber gleichzeitig steht es auch für die Überwindung all dessen. Ostern bedeutet, der Tod ist überwunden.

In der Bibel geht es an vielen Stellen um das Sterben, das Verlieren und Wiederfinden, um Abschied und Neubeginn. In dieser Dynamik leben wir auch unser Leben.

Das Kreuz steht weiterhin für Halt und Kraft: denken wir an das Fensterkreuz, an das Kreuzbein unserer Wirbelsäule, das unseren unteren Rücken stärkt. Wir selbst bilden ein Kreuz, wenn wir uns aufrecht hinstellen und die Arme ausbreiten.

Es gibt »Fingerkreuze« aus Holz, die die Kraft des Kreuzes auf ganz praktische Weise spürbar machen wollen. Sie sind so geformt, dass man sie gut in eine Hand nehmen kann. Die Finger greifen um die Kreuzbalken und man kann sich so gut daran »festhalten«.

Das Kreuz mit all seinen unterschiedlichen Deutungsmöglichkeiten kann ein Symbol für die Transformation des Leidens und der Verletzung sein – aus Tränen können Perlen werden!

Stern

Sterne und Sternbilder dienen der Orientierung. Der Stern von Bethlehem leitete die drei Könige aus dem Morgenland zur Krippe (Mt 2,1–2). Sterne bedeuten Licht in der Finsternis. Es wird hell.

Das Licht spielt in der christlichen Mystik eine große Rolle. Jesus spricht: »Ich bin das Licht der Welt, wer mir nachfolgt wird nicht in der Finsternis wandeln« (Johannes 8,12). Der auferstandene Christus wird als Licht beschrieben und dargestellt. In der Bibel heißt es, wir selbst sind das Licht der Welt und sollten unser Licht nicht unter den Scheffel stellen (Matthäus 5,14–15). Jeder Mensch hat eine Ausstrahlung. Licht macht die Dunkelheit hell und ist deshalb ein Symbol der Verwandlung.

Sterne machen uns die Größe des Universums bewusst. Ein Blick in den Sternenhimmel lässt uns staunen über die unendliche Weite. Angesichts dieser Größe kann sich unser Dasein auf eine wohltuende Weise relativieren. Wir sind nicht so wichtig, nicht so bedeutend in diesem Universum. Ich bin nur ein kleiner Teil im großen Ganzen. Aber ich gehöre dazu! Ich bin im Plan Gottes vorgesehen, gewollt. Das gibt mir meine Würde.

Vielleicht ist der Stern Ihr Symbol, weil das Licht die Dunkelheit überwindet und das Strahlen der Sterne für Orientierung und Klarheit sorgt.

Engel

Vielen Menschen fällt es leichter, an Engel zu glauben als an Gott. Sie scheinen uns näher zu sein als der große, allumfassende Gott.

In der Bibel sind Engel Boten Gottes, sie stellen die Verbindung zwischen ihm und dem Menschen her. Sie haben dem Menschen etwas von Gott zu sagen. Engel treten in schwierigen Situationen auf und verkünden: »Fürchte dich nicht!« So beispielsweise Maria, als sie bemerkt, dass sie schwanger ist (Lukas 1,30) und den Hirten auf dem Feld, denen gesagt wird, dass der Heiland geboren ist (Lukas 2,9–11). Engel machen Mut, geben Zuversicht. Sie erscheinen im Traum und weisen an, was zu tun ist. Josef sieht im Traum einen Engel, der ihn überzeugt, Maria zur Frau zu nehmen, obwohl sie nicht von ihm schwanger ist (Matthäus 1,20–21) und dass er, nachdem Jesus geboren wurde, nach Ägypten fliehen soll, da Herodes das Kind umbringen lassen will (Matthäus 2,13–18). Engel stehen bei und bieten Schutz (Psalm 91,11–12), sie singen sogar (Lukas 2,13–14, Offenbarung 5,11–12)! Wie auch immer wir uns Engel vorstellen, sie strahlen etwas Positives aus, vermitteln uns Leichtigkeit und Freude.

Vielleicht spricht Sie der Engel als Symbol an, um mit Verletzungen fertig zu werden, weil er Ihnen Zuversicht, Schutz, Leichtigkeit oder neue Lebensfreude vermittelt.

Maria

Maria vertritt die weibliche Kraft, sie steht für die starken Frauen in der Bibel. Sie, eine einfache jüdische Frau, bringt Gott zur Welt. Ohne Maria keine Gottesgeburt, ohne sie wäre Gott nicht Mensch geworden. Sie ist deshalb ein starkes Symbol für Transformation: Gott wird Mensch – das findet man so in keiner anderen Religion. Gott wird konkret, wird Fleisch und Blut – durch Maria! Sie ist die Empfangende, ist offen und bereit für das, was kommt. Sie vertraut und findet sie den Mut zu sagen: »Mir geschehe, wie du gesagt hast« (Lk 1,33).

Im Lobgesang der Maria, dem Magnifikat (Lukas 1,46–55), nimmt sie sehr selbstbewusst und mit großer Freude ihre Aufgabe an. Sie lobt den Gott, der alles auf den Kopf stellt, der die Gewaltigen vom Thron stößt und die Niedrigen erhebt, der die Hungrigen mit Gütern füllt und die Reichen leer ausgehen lässt.

Maria hält Spannungen aus, trägt und fühlt mit. Sie braucht keine große Bühne, ist einfach da, so wie von der Hochzeit zu Kana berichtet wird. In der Todesstunde Jesu steht sie mit Johannes und Maria Magdalena am Kreuz (Johannes 19, 26–27).

Maria wird für viele als Heilige, als Heilsbringende verehrt. Im Katholizismus wird sie als Fürsprecherin, als Mittelsperson angesehen. Für viele Menschen ist das Beten des Rosenkranzes ein wichtiges Ritual, das Trost spendet. Maria, die selbst viel durchlebt und durchlitten hat, stärkt Frauen, die gerade leidvolle Erfahrungen machen. Da unser Gottesbild noch immer vorwiegend männlich geprägt ist, fühlen sich gerade Frauen zu Maria hingezogen. Richard Rohr meint: »Unser vermännlichter Gott und unsere vermännlichte Kirche werden immer das weibliche Korrektiv brauchen!«

Vielleicht ist Maria Ihr Symbol für Transformation und Heilung aufgrund der inneren Stärke, die ihr zugesprochen wird.

Es gibt noch weitere biblische Symbole, die Kraft zur Verwandlung schenken, zum Beispiel die Quelle, Brot und Wein, der Baum. Suchen Sie sich das Symbol heraus, das in Ihrer jetzigen Lebenssituation hilfreich ist.

Eine besondere Art von Bildern sind Ikonen. Viele Menschen spüren, dass bei ihrem Betrachten eine große innere Kraft frei wird. Ikonen werden betend gemalt. Der Maler selbst vertieft sich in die Person, die er malt. Wer anschließend das Bild betrachtet, fühlt sich oft eins mit der Person (Jesus, Maria, Heilige), die auf der Ikone zu sehen ist. Und dieses Einssein macht innerlich stark und frei.

Suchen und finden Sie Ihr Bild, Ihr Symbol und meditieren Sie es möglichst regelmäßig, sodass es sich – im wahrsten Sinne des Wortes – einprägt und zur Kraftquelle wird.

Man kann auch mit Symbolen arbeiten, die etwas Negatives ausdrücken. Denken Sie an eine Ihrer Verletzungen. Welche Art von Schmerz empfinden Sie? Fühlt es sich an wie ein dumpfer Schmerz, eine schwere Last? Dann wäre ein großer Stein ein passendes Symbol dafür.

Oder haben Sie das Gefühl, dass etwas zerbrochen ist und Sie halten die Scherben in der Hand? Dann wäre tatsächlich eine Scherbe das passende Symbol.

Vielleicht fühlt sich Ihre Verletzung aber auch an wie ein stechender Schmerz, spitz und scharf. Dann könnten Sie dafür ein Stück Stacheldraht als Symbol wählen.

In unseren Kursen bitten wir die Teilnehmer, das für sie passende Symbol in die Hand zu nehmen, es zu betrachten und dabei nochmals an den eigenen Schmerz, die Verletzung zu denken.

Ein Zeichen für Heilung ist es, wenn ich die Verletzung loslassen kann, oder zumindest einen Abstand zwischen mir und der Verletzung herstellen kann. Deshalb laden wir die Teilnehmer ein, das Symbol, das sie sich ausgesucht haben, abzulegen.

In der christlichen Spiritualität gehen wir davon aus, dass wir all das, was uns belastet, Gott überlassen können. Jesus sagte: »Kommt her, alle die ihr mühselig und beladen seid!« Als Zeichen dafür legen wir das Symbol unseres Schmerzes an einem Kreuz, das auf dem Boden liegt, ab. Die Verletzung ist nicht mehr bei mir, ich weiß sie bei Gott aufgehoben. Das kann ein befreiendes Gefühl auslösen und lässt ahnen: Es gibt einen Weg, eine Möglichkeit, mich von diesem Schmerz zu lösen.

Auf dem Jakobsweg entdeckt man viele kleine und größere Steintürmchen. Menschen haben Steine abgelegt, sich von Last befreit. Eine ganz markante Stelle ist der 1.500 Meter hohe Pass von Rabanal, wo Pilger am »Cruz de Ferro«, einem großen Eisenkreuz, ihre oft von zu Hause mitgebrachten Steine ablegen. Nicht selten fließen Tränen, weil Menschen spüren, dass sie sich wirklich befreien. Eine kleine Geste mit großer Wirkung!

Diese Befreiung geht einher mit dem Spüren einer neuen inneren Stärke: Das, was mich belastete und ich jetzt abgeben kann, schafft Raum für eine Kraft, die zur Bewältigung meiner schwierigen Situation beiträgt. Neue Perspektiven eröffnen sich, Hoffnung und Zuversicht wachsen.

Sie brauchen nicht den Jakobsweg zu gehen, um Ähnliches zu erfahren.

Übung:
Umgang mit dem Symbol meiner Verletzung

Nehmen Sie einen Stein, eine Scherbe oder ein Stück Stacheldraht und gehen Sie in den Wald, auf das Feld, an einen Bach. Suchen Sie sich zwei Stöcke und formen oder legen Sie ein Kreuz daraus. Legen Sie dann Ihr Symbol ganz bewusst an diesem Kreuz ab. Sie können innerlich ein Gebet sprechen oder einfach in der Stille diese Handlung vollziehen.

Statt an einem Kreuz können Sie Ihr Symbol auch an einem Baum ablegen. Der Baum ist ein Ursymbol für das Leben, für Kraft, Stärke und Wachstum. Dieser Baum kann ihre Last aufnehmen. Sie können aber auch andere Orte wählen, an denen Sie Ihr Symbol ablegen. Vielleicht möchten Sie Ihren Stein, Ihre Scherbe oder den Stacheldraht auch lieber in einen Fluss werfen oder vergraben. Spüren Sie nach, was für Sie stimmig ist!

Broken Halleluja

Eines der bekanntesten Halleluja-Hymnen ist das »Halleluja« von Leonard Cohen aus dem Jahr 1984. Es ist ein »gebrochenes Halleluja«, also kein uneingeschränkter Jubelruf, sondern einer, der trotz Gebrochenheit und Verletzungen gesungen wird. Ein »Dennoch-Halleluja«.

Was bedeutet das?

Ab der Lebensmitte haben wir es zunehmend mit Widersprüchlichem, mit Paradoxien zu tun. Verlief das Leben bis dahin geradlinig, eindeutig und klar nach persönlichen Vorstellungen und Prinzipien, kommt irgendwann der Punkt, an dem dieses Konzept nicht mehr funktioniert. Meist durch schmerzliche Erfahrungen, zum Beispiel eine Trennung, Krankheit oder Verlust, werden wir aus der Bahn geworfen. Das Leben wird komplizierter, die gewohnten Muster und Mechanismen greifen nicht mehr. Richard Rohr drückt das so aus: Zwei und zwei ist nicht mehr vier, sondern vielleicht fünf oder acht.

An diesem Punkt besteht die Chance, persönlich zu reifen. Ich erkenne: Ich habe den Lauf der Dinge nicht mehr in der Hand, habe mein Leben nicht mehr völlig im Griff, statt Einfluss und Macht erlebe ich Ohnmacht. An diesem Punkt kann ich verzweifeln – oder ich finde ein Ja zu meinem Leben mit all seinen Ambivalenzen und Unberechenbarkeiten. Ich lasse mich überraschen und versuche das Beste daraus zu machen.

Dazu brauche ich das Vertrauen und die Hoffnung, dass mein Leben trotz Schwierigkeiten gelingen kann. Dass es ein Leben in Fülle gibt. Dann kann ich zu den Brüchen in meinem Leben »Halleluja« sagen, weil sie dazugehören und weil sie mich sogar weiterbringen können. Es kann geradezu befreiend sein, wenn mir klar wird: Ich bin nicht für alles verantwortlich in meinem Leben, es liegt nicht alles an mir. Dann geht es nicht mehr um zwanghafte Wunscherfüllung. Es kann und darf alles ganz anders kommen.

Es ist nicht leicht, zu einer solchen Haltung zu finden. Meistens geht eine Phase großer Verunsicherung voraus. Umso mehr schätzen wir Menschen, die ihr Leben trotz Schwierigkeiten annehmen, gelassen und zuversichtlich bleiben und dankbar auf das schauen, was gut ist in ihrem Leben. Das sind Menschen, die uns ermutigen zu singen, wie es in der letzten Strophe von Leonard Cohens Lied heißt:

There is a blaze of light in every word,
it doesn't matter, which you heard,
the holy or the broken Hallelujah.
Übersetzt:

Ein loderndes Licht steckt in jedem Wort,
es ist egal welches du hörst,
das heilige oder das gebrochene Halleluja.

Wie finde ich zu dieser Haltung des Vertrauens und der Zuversicht? Zum einen geht es um das Selbstvertrauen, dass ich mir meiner eigenen Ressourcen bewusst bin, meiner Stärke, meiner Widerstandskraft. Ich blicke auf mein Leben zurück und denke an die Schwierigkeiten, die ich gut bewältigt habe. Wie habe ich das geschafft? Was hat geholfen? Man spricht in diesem Zusammenhang von Resilienz, womit genau das gemeint ist: die eigene seelische Widerstandskraft, die mich schützt und mir hilft, Krisen zu bewältigen.

Zum anderen geht es um Gottvertrauen. Ich muss nicht alles alleine machen und schaffen, es ist für mich gesorgt, ich kann und darf eine rezeptive Haltung einnehmen. Ich tue mein Bestes, und das ist gut genug. Den Rest überlasse ich Gott oder einer »höheren Macht« (Formulierung der Anonymen Alkoholiker in ihrem 12-Schritte-Programm).

Bei allem, was geschieht, was wir tun oder lassen, gilt nicht: »entweder ich oder Gott«, sondern: »sowohl ich als auch Gott« oder noch besser: »Gott in mir/durch mich«.

Auch in meinem Leben (UPF) spiegelt sich das gebrochene Halleluja wider. Mitte zwanzig bekamen vieler meiner Freundinnen Kinder; ich selbst hatte keinen passenden Mann gefunden. Das war schmerzlich, als Single lebte ich einfach anders, gehörte nicht in die Welt der Familien, die sich da gründeten. In dieser Zeit habe ich das Reisen entdeckt, viele Kontakte geknüpft und mich an einem wachsenden Freundeskreis gefreut. Parallel dazu begann die »innere Reise«, die Suche nach meinem spirituellen Weg. Ende dreißig lernte ich meinen Mann kennen, Anfang vierzig habe ich geheiratet.

Mein Mann hatte eine Tochter aus erster Ehe. Sie lebte zunächst bei der Mutter, kam aber im Alter von vierzehn Jahren in unseren Haushalt. So hatte ich eine Stieftochter, die inzwischen erwachsen ist, studiert und mit großen Schritten selbstständig wird.

Immer wieder habe ich erlebt, dass Vorstellungen durchkreuzt werden, dass das Leben anders verläuft. Das sind oft schmerzliche Momente. Im Rückblick kann ich aber Ja dazu sagen, ein »Halleluja« finden, weil ich spüre, wie sehr mich diese kleineren und größeren Umbrüche positiv geprägt und bereichert haben.

Lebensgeschichten, die Mut machen

Wir bewundern Menschen, die ihren eigenen Weg gehen, die ihre Ziele verfolgen, unabhängig davon, wie das Umfeld darauf reagiert. Verletzungen sind auf diesem Weg unvermeidbar. Aber genau deshalb schätzen wir diese Menschen, weil sie offensichtlich bereit sind, sich verletzen zu lassen, Konfrontationen nicht aus dem Weg gehen, Demütigungen und Ablehnung in Kauf nehmen.

Wir denken an die großen Persönlichkeiten wie Dietrich Bonhoeffer und Martin Luther King. Sie sind so weit gegangen, dass sie ihr Leben aufs Spiel gesetzt haben. Das sind Ausnahmesituationen. So weit brauchen wir, Gott sei Dank, in der Regel nicht zu gehen. Trotzdem können solche Menschen in der Hinsicht Vorbilder sein, als dass sie mich ermutigen, zu mir zu stehen, zu meinen Zielen, zu meiner Art, mein Leben zu gestalten.

Im Folgenden wollen wir nicht auf diese prominenten Persönlichkeiten eingehen, sondern Lebensgeschichten aus unserem Umfeld betrachten, die auch ungewöhnlich sind, uns aber dennoch näher stehen.

Sabriye Tenberken

Sabriye Tenberken wurde 1970 in Köln geboren und wuchs im Bonner Raum auf. Mit zwölf Jahren erblindete sie an einer unheilbaren Netzhauterkrankung. Sie besuchte die Blindenschule in Marburg und absolvierte dort ihr Abitur. Ein Lehrer hatte sie aufgefordert, Zukunftsvisionen zu entwickeln. Ihr Wunsch war es, Sprachen zu lernen, zu reisen, zu schreiben, etwas Eigenes zu entwickeln. Je mehr diese Idee belächelt wurde, desto fester wurde ihr Entschluss, genau das zu tun! Nach einem Besuch einer interessanten Ausstellung über die Geschichte und Kultur Tibets entschied sie sich für das Studium der Zentralasienwissenschaften und Tibetologie.

Im Studium entwickelte sie eine Brailleschrift, um tibetische Texte »lesen« zu können. Sie ging nach Tibet, reiste per Bus, Geländewagen und Pferd (!) durch das Land, um festzustellen, wie Blinde dort zurechtkommen. Wegen hoher UV-Strahlung, Mangelernährung und nicht rechtzeitig behandelter Augeninfektionen kommt Blindheit auf dem Hochplateau in Tibet relativ häufig vor. Im Buddhismus werden körperliche Gebrechen, vor allem, wenn sie von Geburt an bestehen, oft von den Menschen als Strafe für Vergehen im Vorleben gedeutet. Die Eltern glauben häufig selbst, dass ihre Kinder von Dämonen besessen sind. In ihrer Hilflosigkeit bringen sie sie zu Heilern, damit die bösen Geister ausgetrieben werden, oder sie verstecken die Kinder in ihren Häusern, sodass sie kaum nach draußen kommen. Sabriye war schockiert und beschloss, eine Schule bzw. ein Internat für Blinde in Lhasa, Tibets Hauptstadt, zu gründen. Unterstützt wurde sie bei diesem Plan von

Paul Kronenberg, einem Holländer, den sie kurz zuvor in Lhasa als Rucksacktourist kennengelernt hatte.

Ich (UPF) lernte Sabriye bei einem Vortrag 1998 in Bonn kennen. Sie hat mich direkt mit ihrem abenteuerlichen Vorhaben in ihren Bann gezogen: Als Blinde eine Blindenschule zu gründen in einem Land, das für dieses Unternehmen schwieriger nicht hätte sein können, das faszinierte mich. Wie findet man eine solche Kraft, einen unerschütterlichen Glauben an selbstgesteckte Ziele? Wie ging sie mit all den Verletzungen um, die sie bis dahin erlitten hatte – die eigene Blindheit, aber auch schmerzliche Reaktionen aus ihrem Umfeld, wie Absagen auf Bewerbungen bei unterschiedlichen Hilfsorganisationen. Das Gefühl, Außenseiterin zu sein, ungeeignet. Die Absagen von Behörden auf ihrem Weg, ihren Traum zu verwirklichen.

Antwort auf diese Fragen bekamen wir, als wir Sabriye mit einer kleinen Gruppe des inzwischen gegründeten Vereins »Braille ohne Grenzen« 2004 in Lhasa besuchten. In Gesprächen, aber vor allem in ihrem Handeln wurde deutlich, wie sie ihr Leben und die tatsächlich gegründete Blindenschule mit Internat in Lhasa managte.

Aus eigener Erfahrung kennt sie es, aufgrund einer Behinderung ungerecht behandelt zu werden, ausgegrenzt, unterschätzt. Ein Ausspruch von ihr: »Ich bin blind, aber nicht blöd!« Die Wut über Ungerechtigkeiten gibt ihr die Energie, die Stärke, für Gerechtigkeit zu sorgen, Ideen umzusetzen, auch wenn es viele Hindernisse gibt, nach dem Motto: »Jetzt erst recht!« Unterstützt wird sie dabei von Paul Kronenberg, aber auch von der Familie und einem engagierten Freundeskreis. Sie haben Sabriye ermutigt und glauben unverdrossen an sie.

Übung

Die meisten von uns sind nicht so herausgefordert wie Sabriye durch ihre Blindheit. Aber wir können von ihr lernen, positiv mit Wut umzugehen. Ich kann mich also selbst fragen: Wann werde ich wütend? Kenne ich das Gefühl der Wut überhaupt? Wozu fordert mich meine Wut auf?

Es kann sein, dass es an der Zeit ist, Nein zu sagen, mich stärker abzugrenzen, meine Rechte einzufordern. Wut ist ein starkes Gefühl. Das bedeutet: Wenn ich wütend bin, habe ich viel Energie. Was mache ich mit dieser Energie? Es wäre schade, wenn sie verpufft oder eventuell sogar zerstörerisch wirkt. Vielleicht kann ich diese Energie nutzen und werde aktiv, setze mich für eine Sache ein, überzeuge andere Menschen, suche Mitstreiter und stelle etwas auf die Beine. In all dem ist es gut, Unterstützung zu erfahren, Menschen, die mir zur Seite stehen.

Ich kann mich fragen: Wo erfahre ich Ermutigung, wer ist für mich da? Welche Beziehungen sind mir wichtig und geben mir Kraft?

Gerade wenn ich mich verletzt fühle, ist ein solch stärkendes Umfeld von großer Bedeutung.

Sabriyes Botschaft an die blinden bzw. stark sehbehinderten Kinder lautet: Wenn du stark bist, können dir Verletzungen nichts anhaben. Um stark zu sein, musst du selbstbewusst sein! Das Selbstbewusstsein lässt sich aufbauen und fördern. Eigentlich geht es immer darum, Mut zu entwickeln, die eigenen Stärken zu entdecken und damit kreativ umzugehen. Herausforderungen sind gut, und manchmal muss man die eigenen Grenzen austesten, lernen zu entscheiden, was gut für einen ist und was nicht; eigenverantwortlich handeln, aus Fehlern lernen.

Selbstbewusstsein ist also ein Schlüssel, um weniger verletzlich zu sein. Wenn ich um meine Stärken weiß, kann ich meine Schwächen besser akzeptieren. Wenn mich jemand kritisiert und mir meine Schwachpunkte vorhält, kann ich dazu stehen und mir gleichzeitig meine Talente und Begabungen vergegenwärtigen. Ich kann mir sagen: Das eine kann ich nicht so gut, dafür anderes aber umso besser! Ich bin vielleicht unordentlich, dafür aber kreativ. Oder: Ich bin kein Freund von schnellen Entscheidungen und verrückten Ideen, aber dafür sehr zuverlässig.

Wichtige Elemente in der Blindenschule sind Kunst, Musik und Theater. Kreativität und Fantasie sind kulturübergreifend und verbinden die Menschen. Neben einem ausgefüllten Stundenplan bleibt viel Raum zum ausgelassenen Spiel; die Atmosphäre ist heiter, die Kinder singen viel, freuen sich des Lebens und sind dankbar, so intensiv gefördert zu werden.

Übung

So kann ich mich selbst fragen: Was macht mir wirklich Freude? Was begeistert mich? Wo finde ich Ausgleich zu meiner Arbeit? Was tue ich so gerne, dass ich die Zeit vergesse? In welchen Situationen fühle ich mich leicht und unbeschwert?

Je labiler meine Stimmungslage ist, desto anfälliger bin ich für Verletzungen. Deshalb sind Zeiten, in denen es mir richtig gut geht, wichtig, um aufzutanken, Energie und Stabilität zu bekommen. Solche positiven Zeiten sind wie Ankerpunkte. Sie geben Halt und fördern mein Selbstvertrauen.

Sabriye fordert ihre Schüler auf, Visionen für ihre Zukunft zu entwickeln, herauszufinden, wofür sie sich begeistern, was sie wirklich lernen wollen.

Übung

Es ist wichtig zu fragen: Was sind meine Ziele und Visionen? Habe ich Träume? Was sollte in fünf oder zehn Jahren sein? Was wären die nächsten Schritte? Wenn ich Vorstellungen und Pläne für die Zukunft habe, dann spüre ich: Es lohnt sich zu leben. Ich bin zuversichtlich und habe mehr Kraft für den Alltag, für die Gegenwart mit all den verletzenden Situationen. Wenn ich eine Perspektive habe, geht das Leben weiter.

Warum sind wir auf die Lebensgeschichte von Sabriye eingegangen? Sie zeigt uns, dass es sich lohnt, Ziele zu verfolgen, auch wenn Frustration und Verletzungen unumgänglich sind. Von ihr könnte der Satz stammen: »Hinfallen ist menschlich, liegen bleiben ist tödlich, aufstehen ist göttlich!« Der Lähmung durch Verletzungen zum Trotz aufstehen, nach vorne sehen und das Vergangene abhaken. Das ist natürlich einfacher gesagt als getan. Aber es geht darum, hinter Vergangenem einen Punkt setzen zu können, mich zu fragen: Wie viel Macht gebe ich dem Geschehenen? Soll es mich für alle Zeiten herunterziehen oder gebe ich meiner Zukunft eine Chance? Nach dem Motto: »Heute ist der erste Tag meines restlichen Lebens« blicke ich vertrauensvoll nach vorne. Diese Energie haben wir bei Sabriye deutlich gespürt.

Um Verletzungen zu verwandeln, ist es hilfreich, wenn ich etwas Neues in den Blick nehme, ein neues Ziel, neue Begegnungen. Besonders deutlich wird dies an folgender Situation, die vermutlich jeder schon einmal erlebt hat: Wenn wir uns verlieben, scheint die Welt plötzlich eine andere zu sein. »Eine neue Liebe ist wie ein neues Leben!« Auf einmal sieht die ganze Welt rosarot aus. Probleme schrumpfen, alles bekommt ein positives Vorzeichen. Das neue Gefühl ist so stark, dass alte Wunden heilen können. Diesen Vorgang finde ich insofern bemerkenswert, weil er zeigt, wie relativ doch alles sein kann. Ein tief empfundener Schmerz kann sich auflösen angesichts einer neuen Situation, einer neuen Begegnung. Das ist sehr tröstlich! Wenn ich also etwas finde, was mich emotional stark berührt, dann mindert dies das verletzende Gefühl.

Ein weiteres Beispiel aus eigener Erfahrung: In einer Zeit, in der es mir nicht so gut ging, sich Beziehungen anders entwickelten als gedacht und sich Enttäuschung breitmachte, entdeckte ich das Theaterspielen. Eine Freundin hatte mich auf einen Intensivkurs aufmerksam gemacht. Das Spielen machte mir sehr viel Freude, ich war ganz bei der Sache und offensichtlich hatte ich auch Talent. Der Regisseur traute mir zu, mit Profis zu spielen. Und so stand ich unverhofft auf der Bühne zweier Theater in Bonn und Köln. Diese Erfahrung, die Freude beim Spiel, die neuen Kontakte, die sich ergaben, das alles überdeckte die ursprünglich traurige Lebensphase. Entscheidend war die Erfahrung: Es geht weiter, aber auch die Hoffnung und das Vertrauen: Es gibt immer wieder Überraschungen und neue Wege. Meiner Meinung nach ist das ein Schlüssel zur Überwindung von Schmerzen: wenn ich etwas finde, das mich neu begeistert, wenn ich auf Menschen zugehen kann, mich neu einlasse. Das ist nicht leicht, oft fehlt die Energie und es gelingt nicht. Aber dann kann ich beten: »Gott, ich schaffe es nicht alleine. Hilf mir!«

Noch einmal zurück zu Sabriye Tenberken. Die chinesische Regierung hat veranlasst, die Blindenschule zu schließen, der Vertrag sei abgelaufen, eine Verlängerung gibt es nicht. Sabriye und Paul mussten (vorerst) das Land verlassen. Ein herber Schlag! Sie halten natürlich Kontakt zu ihren Freunden und den Menschen, die vor Ort in ihrem Sinne weiterarbeiten. Viele Absolventen der Schule studieren oder arbeiten in ihren Traumberufen, betreiben einen integrativen Kindergarten oder eine Massageklinik. Das ist ein großer Erfolg und bestätigt, dass sich die Arbeit gelohnt hat.

Sabriye und Paul haben inzwischen in Kerala, Indien, ein Ausbildungszentrum für Menschen mit Behinderung aller Art und für solche aus sozialen Randgruppen gegründet. Dorthin kommen

Menschen aus der ganzen Welt, um in einem siebenmonatigen Studiengang zu lernen, ihre Visionen von einem gerechteren Miteinander im eigenen Land umzusetzen.

Sabriye und Paul kennen Niederlagen und Glücksgefühle. Bei all dem sind sie überzeugt: Es gibt einen Weg, der weiterführt, auch wenn dieser Weg anders aussieht als geplant. Es lohnt sich, aufzustehen und zu gehen!

Übung

Das gilt sicherlich für uns alle. Sowohl Enttäuschungen und Niederlagen als auch erfolgreiche, glückliche Zeiten prägen unser Leben, mal überwiegt das eine, mal das andere. Wenn ich auf mein eigenes Leben zurückschaue, kann ich mich fragen, wie ich Krisen und Niederlagen überwunden habe. Wie habe ich es geschafft, wieder aufzustehen? Vielleicht stelle ich fest, dass es auch in mir eine Kraft gibt, die dafür sorgt, immer wieder neue Wege gehen zu können.

Alfred Kreutzberg

Unser erster Besuch bei Alfred Kreutzberg begann mit einer Überraschung. Wir wollten seine Dienste als Jurist in Anspruch nehmen und hatten eine pikobello aufgeräumte Kanzlei erwartet. Doch schon die Treppen in den ersten Stock hoch zu steigen war wie das Eintauchen in eine bunte Farbenwelt. Überall hingen Bilder in allen Größen, in Öl gemalt oder als Aquarell. Eine Mitarbeiterin führte uns in sein Büro, das ebenfalls voller Bilder hing. Sie bereitete uns auf die Erscheinung des Juristen vor. Einige Minuten später betrat Herr Kreutzberg den Raum: ein kleiner, sehr krumm gehender Mann, dessen Hände beständig zitterten. Alfred Kreutzberg oder »AKM«, wie seine Freunde ihn nennen, erklärte uns gleich, dass er an Parkinson erkrankt sei und das schon seit über zwanzig Jahren. Aber er lasse sich die Laune nicht verderben und würde der Krankheit nicht die Macht über sich geben.

Nachdem wir unseren juristischen Rat erhalten hatten, zeigte er uns seine Galerie, die sich oberhalb seiner Kanzlei über zwei Etagen erstreckt. Eine Symphonie an Farben begegnet dem Besucher, in vielen Bildern tauchen Herzen auf, ein bunter Vogel oder ein Fisch. Das Herz steht für die Liebe, der Vogel für die Freiheit. Alfred Kreutzberg ist offensichtlich von der Malerei ganz in den Bann gezogen. Diese Bilder strahlen eine Fröhlichkeit aus, die dunklen Gedanken keinen Raum geben will.

Seit diesem Nachmittag haben wir Kontakt zu dem begnadeten und im wahrsten Sinne des Wortes »ver-rückten« Maler gehalten. Seine Lebensgeschichte beschreibt er so: 1947 in Marktbreit geboren; Jurastudium in Bonn und München; selbstständiger Rechtsanwalt. Seit 1951 kein Tag ohne Kunst und bis vor 25 Jahren auch nicht ohne Bewegung. Er war ein sportlicher Mensch, fuhr Radrennen, spielte Badminton und Tennis, alles auf Profi-Niveau. Er hat die Alpen mehrfach mit dem Fahrrad überquert, war beruflich erfolgreich, plädierte als Jurist bei Bundesgerichten, war ein bekannter Lokalpolitiker in Bad Honnef und hatte keine finanziellen Sorgen.

Also ein Glückskind. Vor 25 Jahren merkte er beim Golfspielen, dass er mit dem Schläger immer zweimal auf den Boden klopfte. »Ich wusste sofort, dass da etwas nicht stimmte. Als das Zittern stärker wurde, war mir klar, dass ich an Parkinson erkrankt bin. Aber ich beschloss sofort, diesen ungebetenen Gast in meinen Körper zu lassen – etwas anderes blieb mir ja auch nicht übrig – und mit Liebe zu zähmen!« Viele Jahre gelang ihm das durch Tabletten und die Malerei. AKM malte jeden Tag mindestens ein Bild, oft Motive aus dem Siebengebirge, aber eben auch Herzen, Vogel oder Fisch. Das hat ihm geholfen, als die Krankheit schlimmer wurde, er immer gebeugter ging, auf Hilfe angewiesen war.

»Die Kunst macht es mir leicht, meinen Parkinson anzunehmen! Er hat keine Chance gegen die Lebensfreude und wird mich nicht negativ besetzen. Der Klügere gibt nicht nach – er muss allerdings wirklich klüger sein. Jeden Tag erlebe ich die Geburt eines neuen Stückes. Man ist süchtig, lebt süchtig, wird aber hierfür Gott sei Dank nicht bestraft, sondern durch die Freude und Gefühle des Betrachters belohnt, wenn er die Seele meines Werkes entdeckt: mich und sich selbst.«

Ein Bild des Künstlers heißt »AKM holt das Kreuz zurück«. Er möchte das Kreuz nicht als Ort des Schmerzes, des Leidens, des Todes belassen. Stattdessen ist es ihm ein Anliegen, dass es ein Symbol der Hoffnung und Befreiung ist. Deshalb sind seine Kreuze nicht nur düster und traurig, sie wollen das Überwinden des Leidens verdeutlichen. Er benutzt Farben, die besonders stark leuchten und möchte das Licht des Südens auch bei uns strahlen lassen.

In unserem Gespräch sagt AKM: »Ich will mit meinen Bildern Mut machen, an die Liebe und die Freiheit zu glauben, die wir alle zum Leben und Überleben brauchen.« Dieser Satz war für mich (RF) Motivation, ihn einzuladen, in einer unserer Kirchen eine Ausstellung zu machen. Alfred Kreutzberg hat die schöne, aber eher dunkle Kirche und das angeschlossene Gemeindehaus mit seinen Bildern in eine fröhliche und zugleich dem Raum angemessene Stimmung getaucht. Mir wurde dadurch klar, wie wichtig Licht und Farbe für die Menschen sind, wenn sie in eine Kirche gehen. Deshalb wurden in Kirchen seit Jahrhunderten Farbfenster eingesetzt.

Welche Wirkung das hat, kann man besonders gut in der Kathedrale von Palma auf Mallorca erleben. Wenn Sie morgens um neun Uhr in die Kathedrale zur Frühmesse gehen (es kostet dann im Übrigen keinen Eintritt), erleben sie durch das Licht von Osten her ein unglaubliches Farbenspiel. Der Künstler Gaudi hatte Anfang des 20. Jahrhunderts den Auftrag bekommen, »das Licht des Mittelmeeres in die Kirche zu lassen«. Und der bis dahin immer dunkler werdende gotische Kirchenbau erfuhr dadurch einen völligen Stimmungsumschwung. Christus ist das »Phos hilaron«, das »heitere Licht«. Das wird in dieser Kirche spürbar.

Zurück zu AKM. Alfred Kreutzberg wurde in diesem Jahr 70. Ich bin sicher, er wird noch viele Bilder malen! Seine Galerie in Bad Honnef ist sehenswert. Vielleicht begrüßt er Sie dann auch mit einem Witz. Er liebt es nämlich, über seine Behinderung Scherze zu machen. So teilte er mir mit, dass er den lieben Gott gebeten habe: »Herr, lass mich zittern, damit ich gute Palmen malen kann.

Er erhörte mich, ließ mich zittern, vergaß aber die Sache wieder abzustellen, weil er seine Zeit für wichtigere Dinge brauchte!«

Mir tun die Begegnungen mit AKM gut. Mein »Kreutzberg-vogel« hängt im Schlafzimmer. Und wenn ich aufstehe, begrüße ich ihn und bin dankbar für den neuen Tag. Alfred Kreutzberg ist im wahrsten Sinne des Wortes ein Lebenskünstler. Wie schon erwähnt, hat er die Bilder zum Kreuzweg entworfen, die Sie auf der diesem Buch beigefügten Karte finden. Sie entsprechen seinem lebensfrohen Stil und drücken deshalb besonders deutlich die Ambivalenzen des Kreuzweges aus.

»Notfallkoffer«
für Verletzungen

Fühle ich mich verletzt, ist es gut, möglichst schnell zu verstehen, was passiert ist, und zu erkennen, wie ich damit umgehen kann, ohne dass ich unnötige Wunden davontrage.

» Als Erstes stelle ich mir innerlich ein Stoppschild vor, das heißt, bevor mich negative Gefühle überrollen, gehe ich auf Abstand zu der Situation, mache mir bewusst, dass Verletzungen ein Ausdruck menschlicher Beziehungen sind und oft auf Unvermögen, Unachtsamkeit oder Missverständnissen beruhen, seltener auf einer bösen Absicht. Jeder hat seine Geschichte. Aufgrund unterschiedlicher Prägungen und Bedürfnisse kommt es zu Konflikten.

» Ich mache mir bewusst, dass ich einen inneren göttlichen Kern besitze, der unverletzlich ist. Meine Würde als Mensch bleibt unantastbar. Ich kann ein Schutzsymbol visualisieren, ein inneres Bild entwerfen, das mir verdeutlicht: Ich bin geschützt. Einige Bespiele: ein Schutzschild, das ich bei Bedarf vor mich halte, eine Burg, in die ich mich zurückziehen kann, eine Mauer, die eine Grenze zieht, oder göttliches Licht, das mich umgibt. Werden Sie kreativ! Suchen Sie sich ein Schutzsymbol, das zu Ihnen passt und »greift«. Von der Position der Stärke aus bleibe ich Gestalter meines Lebens, anstatt mich als Opfer zu fühlen.

» Der Körper ist ein wichtiges Instrument, um Stärke und Kraft zu spüren und auszudrücken. Gerade wenn mich eine Verletzung lähmt, tut Bewegung gut, in welcher Form auch immer. Versuchen Sie herauszufinden, was Ihnen am besten hilft: spazieren gehen, walken oder joggen, auf einen Boxsack schlagen, schwimmen gehen, Rad fahren ... Die Atmung wird vertieft, der Kreislauf angeregt und die Muskulatur gestärkt.

Zwei Fragen sind in einer solchen Situation hilfreich:

1. Was sagt mir die Situation?

» Ich versuche, mein vorherrschendes Gefühl zu benennen. Ist es Trauer, Wut oder Angst? Hinter jedem negativen Gefühl steckt ein unerfülltes Bedürfnis. Dieses Bedürfnis versuche ich zu erkennen.

Was wurde mir in der verletzenden Situation entzogen? Liebe, Anerkennung, Sicherheit, Vertrauen, Freiraum? Und was brauche ich jetzt?

Erinnert das Vorgefallene an eine alte Verletzung, reagiere ich deshalb vielleicht besonders stark, tut es deshalb so weh?

Was ist mein Anteil an der Situation, d.h. inwiefern hat die Situation mit mir zu tun, mit meiner Grundstruktur, meiner Charaktere?

Notieren Sie sich ein paar Gedanken dazu.

» Ich versuche, die andere Person in den Blick zu nehmen. Warum hat sie sich so verhalten? Was steckt dahinter? Welche Motivation? Welches Bedürfnis hatte die andere Person?

Ich versuche, die Perspektive zu wechseln und mich in die andere Person hineinzuversetzen. Vielleicht gelingt es mir, das Vorgefallene dann anders zu deuten.

Auch hier ist es ratsam, etwas schriftlich festzuhalten.

» Handelt es sich um eine Verletzung, die nicht durch andere Personen ausgelöst wurde, sondern als »Schicksalsschlag« hingenommen werden muss, beispielsweise eine Erkrankung oder eine Verlusterfahrung, mache ich mir bewusst, dass das Leben nicht berechenbar ist, nicht planbar, dass es Kräfte gibt, die wir nicht erklären können, sich Dinge zutragen, auf die wir keinen Einfluss haben. Das Leben ist so, und damit stehe ich nicht alleine da. Wir sind alle im Leben irgendwann einmal mit einer solchen Situation konfrontiert.

2. Wie gehe ich mit der Situation um?

» Ich überlege, was mir jetzt guttut. Ich versuche, meine Kraftquellen zu mobilisieren. Was hilft mir? An welchen Orten kann ich auftanken – in der Natur, in einer Kirche oder an einem persönlichen Lieblingsort? Welche Menschen können mich unterstützen? Spreche ich den »Täter« auf die Situation an, das heißt öffne ich mich, mache die Situation transparent oder entscheide ich mich für Zurückhaltung?
Ich mache mir die Vor- und Nachteile beider Reaktionsmöglichkeiten bewusst. Auch hier kann es hilfreich sein, sich Notizen zu machen.

» Bei sich wiederholenden Verletzungsmustern denke ich an die drei Möglichkeiten: »love it« (die Situation akzeptieren und sich gleichzeitig schützen), »change it« (für Veränderungen eintreten) oder »leave it« (aus der Situation herausgehen, das »verletzende Feld« verlassen).

» Im Fall von Schicksalsschlägen und der damit verbundenen Ohnmacht tut es gut, der Trauer Raum zu geben und Möglichkeiten zu finden, das Schwere auszudrücken, verbal im Gespräch mit Menschen, denen ich vertraue, oder durch andere kreative Formen. Ich versuche, Selbst- und Gottvertrauen zu entwickeln, dass mir Kräfte zuwachsen, um die Situation zu bewältigen, ich eventuell sogar Erkenntnisse gewinne und Erfahrungen mache, an denen ich reife.

» Gleichzeitig ist es heilsam, das Gute im eigenen Leben nicht aus den Augen zu verlieren, dankbar zu sein für das Schöne, für das, was gelungen ist. Wenn ich dies im Blick behalte, kann sich Vertrauen und Zuversicht aufbauen, dass es einen Weg, eine Perspektive gibt.

Nachwort

Ich gehe eine Straße entlang.
Da ist ein tiefes Loch.
Ich falle hinein.
Ich bin verloren.

Ich bin ohne Hoffnung.
Es ist nicht meine Schuld.
Es dauert endlos, wieder hinauszukommen.

Ich gehe dieselbe Straße entlang.
Da ist ein tiefes Loch.
Ich falle wieder hinein.
Ich kann nicht glauben, schon wieder am gleichen Ort zu sein.
Aber es ist nicht meine Schuld.
Immer noch dauert es sehr lange, herauszukommen.

Ich gehe dieselbe Straße entlang.
Da ist ein tiefes Loch.
Ich falle schon wieder hinein ...
aus Gewohnheit.
Meine Augen sind offen.
Ich weiß, wo ich bin.
Es ist meine Schuld.
Ich komme auch sofort wieder heraus.

Ich gehe dieselbe Straße entlang.

Da ist ein tiefes Loch.

Ich gehe darum herum.

Ich gehe eine andere Straße.

Gut, wenn ich andere, neue Straßen finde und gehe.

Aber manchmal tun sich Abgründe auf, egal, wo ich langlaufe.

Und dann?

Unwiderruflich geht etwas zu Ende, ist etwas zerbrochen
in meinem Leben.

Was hilft mir an solchen Tiefpunkten?

Wie halte ich es da aus?

Es ist möglich, wenn ich *in meinem Innern* zu einer Kraft finde,
die trägt, die aushält.

Dann können sich *in meinem Innern* neue Horizonte auftun,
dann kann sich etwas weiten in mir.

Manchmal braucht es sogar Löcher und Abgründe dazu.

Last but not least:
Den Humor nicht vergessen!

Eine Anekdote, ein Witz oder eine lustige Situation lassen uns lachen oder zumindest schmunzeln. Ob wir wollen oder nicht, für diesen Moment sind wir heiter gestimmt und machen die Erfahrung: Es gibt noch etwas anderes als den Schmerz der Verletzung.

Besonders wohltuend ist es, wenn es uns gelingt, über die eigenen Schwächen und die der anderen schmunzeln zu können, anstatt uns zu ärgern. Wenn wir mit einem gnädigen Blick und einem Augenzwinkern feststellen können: »Da ist er wieder, mein Perfektionszwang!« oder »Da ist sie wieder, die Trägheit meiner Frau, oder die chaotische Seite meiner Söhne!«

Wir möchten den Humor nun nicht weiter theoretisch betrachten, sondern ihn praktisch wirken lassen und Sie jetzt zum Schmunzeln bringen:

Ein Pfarrer und ein Busfahrer gelangten nach ihrem Tod gleichzeitig ans Himmelstor. Petrus musterte beide, dann sagte er zu dem Busfahrer: »Du kannst direkt in den Himmel.« Zum Pfarrer sagte er: »Tut mir leid, du musst vorher noch ein Weilchen ins Fegefeuer.« Der Pfarrer verlangte entrüstet eine Erklärung. »Bei deiner Predigt haben die Leute immer geschlafen«, sagte Petrus und deutete dann auf den Busfahrer: »Aber wenn er gefahren ist, haben sie alle gebetet.«

Es tut gut, über unsere Verletzungen sprechen zu können, sich verstanden und getröstet zu fühlen. Aber es ist auch wichtig, mit

Menschen zusammen zu sein, die uns in positiver Weise ablenken von unserem Schmerz, die Leichtigkeit und Heiterkeit ausstrahlen. Suchen Sie bewusst Gelegenheiten, mit solchen Menschen zusammen zu sein. Verlernen Sie das Lachen nicht!

Verletzungen mit Heiterkeit begegnen?

Wir als Autoren hatten zunächst Probleme, das Cover dieses Buches zu akzeptieren. Wirkt es nicht zu nett, zu freundlich in Anbetracht tiefer Verletzungen? Wird der Leser ausreichend ernst genommen? Unsere Bedenken haben sich in den Wunsch verwandelt, dass Leichtigkeit und Heiterkeit Ihnen helfen mögen, wie Igel und Kaktus auf dem Cover, Ihre eigene Stacheligkeit wie die Stacheligkeit der anderen und des Lebens ganz allgemein anzunehmen und lieben zu lernen!

Literatur

Zum Thema Verletzung

Edith Eva Eger
Ich bin hier und alles ist jetzt
München 2018

Arun Gandhi
Wut ist ein Geschenk
Köln, 5. Auflage 2017

Martin Grabe
Lebenskunst Vergebung
Marburg, 4. Auflage 2009

Anselm Grün
Jesus als Therapeut
Münsterschwarzach 2011

Richard Rohr
Das wahre Selbst - Werden, wer wir wirklich sind
Freiburg 2013

Richard Rohr
Reifes Leben
Freiburg 2012

Richard Rohr
Vom Glanz des Unscheinbaren
München 2007

Richard Rohr
Zwölf Schritte der Heilung
Freiburg 2013

Richard Rohr
Geheimnis und Gnade
München 2017

Bärbel Wardetzki
Ohrfeige für die Seele
München, 6. Auflage 2005

Doris Wolf
Ab heute kränkt mich niemand mehr
Mannheim, 4. Auflage 2007

Melanie Wolfers
Die Kraft des Vergebens
Freiburg 2013

Zum Thema »Kreuzweg«

Joseph Bernardin
Kreuzweg - Weg zum Leben
München 2006

Willibald Bösen
Für uns gekreuzigt?
Freiburg 2018

Anselm Grün, Hagen Binder
Kreuz als Weg zum inneren Raum
Münsterschwarzach 2016

Reiner Knieling
Das Kreuz mit dem Kreuz
München 2016

Georg Langenhorst
Auferweckt ins Leben
Freiburg 2018

Gerhard Lohfink
Am Ende das Nichts?
Freiburg 2018

Kurt Marti
Der Aufstand Gottes gegen die Herren
Stuttgart 1981

Veronika Prüller-Jagenteufel
Den Weg zur Auferstehung weitergehen
Münsterschwarzach 2010

Zum Thema Enneagramm

Andreas Ebert
Die Spiritualität des Enneagramms
München 2008

Maria-Anne Gallen, Hans Neidhardt
Das Enneagramm unserer Beziehungen
Reinbek, 11. Auflage 2008

Sandra Maitri
Neun Portraits der Seele
Bielefeld 2001

Helen Palmer
Das Enneagramm
München 1991

Richard Rohr, Andreas Ebert
Das Enneagramm - die neun Gesichter der Seele
München, 45. Auflage 2009

Zum Persönlichkeitsmodell von Fritz Riemann

Fritz Riemann
Grundformen der Angst
München, 42. Auflage 2017

Dank

Wir danken unseren Kursteilnehmern und allen Menschen, die offen über ihre Verletzungen mit uns gesprochen haben.

Der Abtei Münsterschwarzach sagen wir Dank für die Möglichkeit, seit vielen Jahren unsere Kurse dort anbieten zu können.

Br. Linus Eibicht, der Leiter des Vier-Türme-Verlags, hat uns zu diesem Buch ermutigt.

Marlene Fritsch, unsere Lektorin, stand uns von Anfang an engagiert und konstruktiv zur Seite.

Ihnen beiden sei herzlich gedankt!